KB211120

그 여자가 간절히 바라는 **사랑**,
그 남자가 진심으로 원하는 **존경**

Love & Respect Workbook

그 남자가 진심으로 원하는

그 여자가 간절히 바라는

사랑, 존경

부부
워크북

에머슨 에거리치, 프리츠 리드너 지음

박소혜 옮김

국제제자훈련원

시작하기 전에

당신의 결혼생활에 행복과 성공을 가져다주는 강력하고도 위대한 비밀이 있다면 기꺼이 실천하겠는가? 이러한 목적을 위해《그 여자가 간절히 바라는 사랑, 그 남자가 진심으로 원하는 존경 워크북》(이후 '워크북'으로 표기)을 준비했다.

　이 워크북과 전작《그 여자가 간절히 바라는 사랑, 그 남자가 진심으로 원하는 존경》(이후 '본책'으로 표기)에서 밝힌 획기적인 교훈을 공부하면서 오늘부터 새롭게 시작해보자. 두 책은 상호보완하도록 기획되었기에, 함께 읽을 때 큰 변화를 경험하게 될 것이다.

　이 책은 30년간의 실제 상담 경험과, 과학적이고 성경적인 연구 결과를 바탕으로 하고 있다. 독자들에게 적절한 정보와 수단을 제공함으로써 부부 관계에서 무엇이 잘못되었는지, 어떻게 바로잡을 것인지를 충분히 이해하도록 도울 것이다. 또한 개별적으로 다양한 실전 연습이 가능하도록 구성했으므로 에머슨이 소개하는 혁신적인 '관계의 기술'을 각자의 결혼생활에 지속적으로 활용할 수 있다.

　본격적인 공부에 앞서, 몇 가지 유용한 팁을 소개한다.

첫째, 결혼생활에 변화가 일어나도록 하나님이 도우실 것을 믿고 마음의 준비를 하라. '사랑과 존경' 고리를 제대로 이해하기만 한다면, 간단하지만 강력한 이 두 개념이 결혼생활에 미치는 엄청난 효과를 맛볼 수 있을 것이다. 손쉽고 빠른 해결책은 아니지만, 이 일에 충분한 시간과 노력을 기울이고 변화에 적응하려는 최소한의 의지만 있다면 이 책을 통해 결혼생활은 놀랍게 변할 것이다.

둘째, 각자의 속도와 선호에 맞춰 공부하라. 비교적 간단한 질문도 있지만 많은 생각과 수고를 거쳐야 답을 할 수 있는 질문들도 있다. 하지만 계속 사랑과 존경이라는 개념을 접하다 보면 저자가 하는 말의 의미를 점차 깨닫게 될 것이다. 자기 것으로 조금씩 소화한다면 우리 삶은 180도 달라진다.

셋째, 책의 구성에 익숙해지라. 이 워크북은 본책의 내용을 모두 다루고 있다. 본책의 각 장을 새롭게 단계별로 묶고 나눴으며, 각각의 단계마다 질문을 실었다. 각 질문은 독자가 저자의 메시지를 결혼생활에 적용하려고 할 때 그 개념을 정확히 파악할 수 있도록 도움을 준다. 어려운 개념이 포함된 질문의 경우에는 부록편에 추가 설명으로 이해를 도왔다.
이 워크북은 개인은 물론 부부가 함께 사용하게끔 구성했다 . 특정 대상을 향한 질문에는 별도의 아이콘이 붙어 있다.

는 아내를 향한 질문이며,

는 남편이 답해야 할 질문이다.

는 부부를 향한 질문들이다.

넷째, 혼자서도 이 책을 공부할 수 있다. 이 책에서 던지는 질문들은 기본적으로 개인을 위한 것이고, 그다음은 부부를 대상으로 한다. 따라서 배우자가 아직 '사랑과 존경'이라는 개념에 관심이 없다면 혼자서 공부하는 편이 더 나을 수도 있다. 하지만 본격적으로 '사랑과 존경' 원리를 일상에서 행동으로 옮기기 시작하면, 배우자도 공부에 참여하겠다고 나설 것이다!

다섯째, 최대한 효과를 얻고 싶다면 배우자와 함께 공부하라. 실제로 모든 단계에는 부부를 위한 질문이 포함되어 있다. 두 사람이 각자의 질문에 답한 다음, 공동으로 부부를 향한 질문에 답해야 한다. 각자가 내놓은 답을 비교하고 논의하는 사이에 두 사람은 서로를 새로이 이해하고, 각자가 결혼을 어떻게 바라보고 있는지 알아간다.

여섯째, 충분한 시간을 가지라. 성급하게 결론을 내거나 모든 질문에 끝까지 답할 필요는 없다. 남편과 아내의 개인적인 필요를 직접적으로 건드리는 질문에 더욱 집중하라.

일곱째, 상대를 사랑과 존경으로 대하라. 몇몇 질문은 민감한 부분을 건드리기 때문에 긴장을 초래할 수 있다. 짜증이나 분노를 일으킬 수도 있다. 이럴 땐 다음과 같은 원칙을 기억하라. '민감한 주제를 다룰 때는 배우자에게 그만큼 민감해지라!' 사뭇 불편하게 느껴지는 질문이나 그 순간에 다루고 싶어 하지 않는 주제가 있다면 나중에 논의해도 괜찮다.

여덟째, 상대방을 조심스럽게 대하라. 어떤 질문은 부부 중 한쪽의 강점과 다른 쪽의 약점을 드러내기도 한다. 한쪽은 그다지 민감하게 반응하지 않는 질문에 대해 상대방은 열등감을 느끼거나 예민하게 생각할 수도 있다. 같은 질문을 보면서 당신은 얼른 태도를 바꿔야겠다고 느끼는 반면, 상대방은 머뭇거릴 수도 있다. 이 책에서 말하는 '사랑과 존경'이란 곧 '인내하기, 비판하지 않고 용서하기'와 같은 뜻이다. 하나님이 우리를 남자와 여자로 만드셨음을 늘 기억하라. '틀린' 것이 아니라 '다른' 것이다. 부부가 연민과 공감으로 각각의 질문을 대한다면 강한 편에서 비난이나 판단하는 태도를 보이지 않을 것이고, 따라서 약한 편에서도 한결 마음 편하게 감정을 거두고 당면한 주제를 직면할 수 있을 것이다.

아홉째, 공부하는 동안 하나님이 역사하실 것을 기대하라. 본책은 두말할 것 없이, 배우자와 보다 친밀한 관계를 누리게 하기 위해 만들어졌다. 하지만 궁극적인 목적은 하나님과 더 친밀한 관계를 맺는 것이다. 이 워크북의 각 단계에는 묵상이나 기도 시간에 도움을 주는 성경구절이 포함되어 있다. 기도가 동반되지 않는다면 많은 시간을 공부하더라도 성과는 미미할 것이다. 쉬지 말고 기도하라. 그러면 하나님께서 "그의 성령으로 말미암아 속사람을 능력으로"(엡 3:16) 강건하게 하시는 것을 경험할 뿐 아니라, 그분이 자신의 속도와 방식대로 역사하시는 것도 목격할 수 있다. 하나님께서 당신을 사랑하고 존중하시는 것처럼 부부가 서로 사랑하고 존경하라. 그러면 하나님도 기뻐하시면서 그에 따른 영원한 보상을 주실 것이다.

이제 준비되었는가? 그럼 이제 시작해보자.

1부

부부 관계의 악순환

1부는 《그 여자가 간절히 바라는 사랑, 그 남자가 진심으로 원하는 존경》의 서문과
1장부터 7장까지의 내용을 총 네 단계로 나눠 다룬다.

바울은 에베소서 5장에서 부부가 어떻게 하면 소위 '관계의 악순환'이라고 칭할 수
있는 상황을 통제하면서, 서로를 사랑하고 존경하며 관계를 견고하게 세울 수 있는
지 그 비밀을 공개하고 있다. 결혼한 사람이라면 누구나 이 '관계의 악순환'이 어떤
것인지 알고 있을 것이다. 남편이 사랑을 주지 않을 때 아내는 남편을 존경하지 않
는 것으로 대응한다. 그러면 아내와 남편은 다람쥐 쳇바퀴 돌 듯 상처를 주고받는
잘못된 말과 행동을 반복한다. 이것을 멈출 길은 어디에도 없어 보인다.

앞으로 네 단계를 공부하면서 '관계의 악순환'이 어떻게 시작되는지, 왜 지속되는
경우가 많은지 배울 것이다. 이 악순환의 속도를 늦추면서, 종국에는 멈추는 방법을
이해하는 것이 가장 중요하다. 충분히 가능한 일이다. 개인적으로도 하나님이 우리
부부에게 힘을 주셔서 이 악순환을 중단시킬 수 있었기에 확신 있게 말할 수 있다.
하나님은 여러분에게도 그렇게 하실 수 있다.

다름 인정하기

이 단계를 본격적으로 시작하기에 앞서 본책의 서문 〈사랑 하나만으로는 충분하지 않다〉와 1장 〈더 나은 결혼생활을 위한 단순한 비밀〉을 읽기 바란다. 독자 모두를 향한 질문에 먼저 답하고, 그다음에는 상황에 따라 아내 혹은 남편을 향한 질문에 답하라(이것은 모든 단계에 해당된다). 부부가 함께 공부하고 있다면 부부를 향한 질문에도 답을 해보라. 혼자 공부하며 질문에 답을 할 수도 있다. 소그룹 단위로 이 책을 공부할 사람은 부록A에 제시한 몇 가지 제안을 참고하기 바란다.

서문 · 1장의 질문들

1   본책 서문에서 저자는 비틀즈의 〈All you need is love〉(사랑만 있으면 돼요)라는 노래의 결론에 동의하지 않는다고 말한다. 그는 오늘날 열 커플 중 다섯 커플이 결혼생활을 그만두는 이유가 '사랑 하나만으로는 충분하지 않기 때문'이라고 덧붙인다. 아내에게는 사랑이 필수이지만 남편에게는 존경이라는 요소가 더 필요하다는 점을 간과해왔다는 것이다. 본책은 아내가 남편에게 있는 '존경의 욕구'를 채워줌으로써 사랑에 대한 필요를 채울 수 있다고 말한다(본책 7쪽).

저자의 주장에 동의하는가? 남편에게 존경을 보이는 것만으로 아내가 원하는 사랑을 받는 게 과연 가능할까? 그 남편이 존경받을 만한 사람이 아니라면 어찌할 것인가? 저자가 말하는 것은 조건을 단 존경인가, 조건 없는 존경인가? 각자의 생각을 적어보라.

각자가 쓴 내용을 비교해보라. 이 워크북의 첫 번째 질문이 상당히 민감한 주제일 수 있지만, 자신의 '확고한 의견'을 제시하기 바란다. 위 질문에 대한 부부의 답이 서로 엇갈린다면 지금은 결론 내리지 말고, 추후 이 질문이 다시 나올 때까지 기다리라.

2 '사랑과 존경 세미나'에 참석하거나 본책을 읽은 여성이 쓴 다양한 후기를 읽어보라(본책 8~11쪽).

솔직하게 이야기하자면, 전에는 정말 몰랐습니다. 남편에게 존경이 얼마나 중요하고, 얼마나 활기를 가져다주는지를 말이에요.

며칠 전 저는 남편에게 존경한다고 말하기로 했어요. 처음에는 참 어색하게 느껴졌지만, 그 결과는 믿을 수 없을 정도였어요! … 제 눈앞에서 남편의 태도가 바뀌는 것이 보이더라고요.

제가 왜 남편을 존경하는지를 밝힌 편지를 두 통 써서 남편에게 주었답니다. 저를 대하는 남편의 반응이 얼마나 부드러워졌는지를 보고 놀랐지요.

이제야 감 잡았어요! 하나님은 제가 남편을 존경할 때 어떤 놀라운 일이 벌어지는지 알려주셨어요. 이 계시는 제 결혼생활의 모든 것, 곧 접근 방법, 반응, 하나님 그리고 남편과의 관계도 송두리째 바꾸었습니다.

이 후기는 기혼자인 당신에게 무엇을 말해주는가?

각자가 쓴 내용을 듣고 지금까지 다룬 내용에 대해 이야기를 나눠보라. 다른 부부보다 이런 대화가 더 잘되는 커플도 있다. 잘 안 된다고 해서 강요하지는 말라. 상대방의 감정에 민감하게 반응하는 것이 중요하다. 이제 막 공부가 시작되었으니 앞으로 생각을 나눌 시간은 충분하다.

3　본책 1부의 머리글 내용을 보자(본책 18쪽).

목회자가 되어 수많은 부부를 상담했지만 나는 그들의 문제를 도무지 해결할 수 없었다. 아내 편에서는 주로 "남편은 날 더 이상 사랑하지 않아요!"라는 말이 나왔다. 아내는 그렇게 사랑을 원하며, 사랑을 기대한다. 많은 남편은 아내가 원하는 만큼 사랑을 주지 않는다. 하지만 세월이 흐르면서 나는 마침내 방정식의 나머지 절반을 보게 되었다. 남편은 직접 이야기를 꺼내지는 않지만, '아내는 날 존경하지 않아'라는 생각을 한다. 남편은 존경을 원하며 기대하지만, 그 욕구를 제대로 이해하고 채워주는 아내는 찾기 힘들다. 그 결과 복음주의 그리스도인을 포함하여 열 중 다섯 커플은 이혼 법정에서 만난다.

이 문제로 씨름하면서 마침내 하나의 고리가 눈에 들어왔다. 절망에서 벗어나 영감으로 향하던 순간, 이 책을 썼다. 그에게서 사랑이 오지 않으면 그녀는 존경심 없이 반응한다. 그녀가 존경하지 않는다면 그는 사랑 없이 반응한다. 이런 식으로 계속 순환한다. 나는 이것을 '관계의 악순환'이라고 부른다. 아직도 많은 커플이 여기에 사로잡혀 있다.

'관계의 악순환'에 대해서는 앞으로 많이 이야기할 것이다. 지금은 다만 이런 '관계의 악순환'이 각양각색으로 나타난다는 점을 이해하고 넘어가야 한다. 한 남편은 이렇게 썼다.

"한창 부부싸움을 하던 중이었어요. … 아내는 나를 자극하는 말을 해대고 있었죠. 아내가 나를 사랑한다는 건 알지만 그래도 지나칠 정도로 공격적이었어요. 너무 지긋지긋해서 뒤돌아 제 방으로 갔어요. 아내는 부엌에서 혼자 소리를 지르고 있었고요."

이 편지는 통제 불능의 '관계의 악순환'에 들어선 결혼생활을 묘사하고 있다. 물론 동일하게 악순환에 있으면서도 사뭇 다른 형태도 있다. 에머슨이 받은 메일에서 몇 가지 사례를 더 들겠다.

- 남편과 아내가 한 귀금속 가게에서 쇼핑을 하고 있다. 남편이 흥분한 목소리로 어떤 물건을 가리키며 말한다. "여보, 이것 봐. 당신이 찾던 그 귀걸이 같은데!" 하지만 아내는 한심하다는 듯 대꾸한다. "아니야! 그 귀걸이는 금황색이잖아. 난 그 색 싫어. 백금색이 좋아!"
- 아내가 퇴근해서 집에 돌아온 남편을 맞이한다. 아내는 그날 친구를 만난 일을 이야기하고 싶어 한다. 하지만 남편은 아내의 말을 막으며 중얼거린다. "나 지금 피곤한데, 오는 길이 엉망으로 막혔어. 그냥 쉬면서 저

녁 먹을 때까지 뉴스나 보고 싶다고."

• 부부 사이에 평소 늘 겪던 문제로 의견 충돌이 있었다. 아내는 그 문제
를 이야기하고 싶어 하지만 남편은 입을 꾹 다물고 있다. 아내가 계속해
서 기분이 어떤지 묻자 남편은 신문을 집어 들더니 곧바로 스포츠 기사
에 빠져들고 만다.

위의 상황에서 하나를 골라 답해보자. 어떤 일이 일어나고 있는가? 왜 남편
은 존경받지 못한다고 느끼고, 아내는 사랑받지 못한다고 느끼는가?

각자가 쓴 내용을 비교해보라. 지금 논의할 것이 별로 없다고 생각하
면 다음 단계로 넘어가도 좋다.

4 '관계의 악순환'이라는 말을 들으면 어떤 느낌이 드는가? 어느 정도는
당신의 결혼생활에도 적용되는 이야기인가?

    __ 그렇다   __ 아니다   __ 아마도 그럴 것이다

왜 그렇게 생각하는가?

자신에게 해당된다고 생각하는 항목에 체크하라.

내가 생각하기에 '관계의 악순환'이 시작되는 순간은,

___ a. 배우자가 비합리적인 모습을 보일 때

___ b. 내가 비합리적인 모습을 보일 때

___ c. 배우자가 말도 안 되는 행동을 할 때

___ d. 내가 말도 안 되는 행동을 할 때

___ e. 배우자가 쌀쌀맞거나 비판적일 때

___ f. 내가 쌀쌀맞거나 비판적일 때

___ g. 배우자가 사려 깊게 행동하지 못할 때

___ h. 내가 사려 깊게 행동하지 못할 때

___ i. 성관계나 돈, 각자의 집안 등에 대해 언쟁을 벌일 때

___ j. 배우자가 대화하려 하지 않을 때

___ k. 내가 대화하려 하지 않을 때

___ l. 배우자가 말을 너무 많이 할 때

___ m. 내가 말을 너무 많이 할 때

___ n. 기타 (각자의 경험이나 의견을 적으라)

각자가 쓴 답을 나누라. 서로 체크한 항목을 눈여겨보되 길게 논의하지는 말라. 지금은 '관계의 악순환'이 시작되는 경위를 명확히 인지하는 게 중요하다.

5 고린도전서 7장 28절에서 사도바울은 "결혼한 사람들은 세상 고통에 시달릴 터이므로 여러분을 아끼는 마음에서 이 말을 하는 것입니다"(공동번역)라고 썼다. 모든 부부가 고통에 시달릴 것이라는 말을 곰곰이 생각해본

적이 있는가? 이를 다른 말로 하면 부부가 '관계의 악순환'에 들어섰다는 의미다. 가끔씩 고통에 시달리고 상황이 미친 듯이 돌아간다는 이유만으로 결혼생활이 잘못되었다고 결론짓는 게 옳은 일일까? 부록F의 1번에서 몇 가지 추가 설명을 적어두었다.

🤝 결혼생활에는 언제나 '고통'이 따를 것이라는 에머슨의 주장에 관해 각자의 생각을 나누어보라. 그 고통은 작을 수도 있고 클 수도 있지만, 때 때로 고통을 겪는다는 사실은 변치 않는다.

6 본책 1장에서 에머슨은 자기 부부가 결혼 초기에 '관계의 악순환'을 겪었을 때를 회상한다. "청재킷 논쟁"(본책 21~22쪽)을 다시 읽고, 이때 에 머슨이 배운 내용을 분석해보라. 아내 사라는 무엇을 느꼈는가? 남편인 에 머슨은 무엇을 느꼈는가?

🤝 이 이야기에 자신을 대입할 수 있겠는가? 비슷한 경험이 있는가? 각 자가 기록한 내용을 나누라.

7 성경공부 모임에 참석한 후 벌어진 부부 싸움에서(본책 22~24쪽) 에머 슨은 아내가 비판하자 "사라, 당신이 옳을지도 모르지만, 그 목소리와 말투 는 틀렸소"라고 말했다. 이 문장이 마음에 와 닿는가? 배우자가 말하는 내 용에는 수긍이 갔지만, 그 목소리와 말투는 받아들이기 어려웠던 경우가 있는가? 당신이 그런 적은 없는가?

배우자와 이 질문을 놓고 이야기할 때 상대방을 정죄하지 않는 것이 지혜로운 접근이다. 본인이 먼저 "내용은 옳지만 목소리와 말투에서는 잘못했던" 그런 상황이 있었는지 떠올려보라.

8 "아내의 생일을 잊어버린 날"(본책 24~25쪽)에 나온 이야기를 읽어보라. 이와 비슷한 경험이 있는가? 그때 사랑받는다거나 존경받고 있다고 느꼈는가? 배우자는 또 어땠는가? 기억나는 대로 당시 상황을 묘사해보자.

생일을 잊어버리고 지나간 경험은 남편에게는 큰 문제가 아니겠지만 아내의 경우는 그렇지 않다. 잘못한 쪽이 남편이라면 일찌감치 사과하는 편이 좋을 것이다. 생일이나 기념일이 아내에게 얼마나 중요한지 알고 싶다면 8단계를 참고하기 바란다.

9 에머슨 부부는 지금도 여전히 서로 사랑하면서도 특정한 방식으로 상대방을 짜증 나게 만든다고 고백한다. "사랑하는 시간과 추한 말다툼"(본책 25~27쪽)에 나온 에머슨 부부의 패턴을 읽어보라. 이들의 경험에 공감하는가? 어떤 면에서 그러한가?

상대방을 배려하면서 던져야 할 질문이다. 다툼이 시작될 때 어떤 일이 일어나는지 곰곰이 생각해보라. 자주 사용하는 표현이 있는가? 혹은 어떤 행동을 하거나 하지 않는가? 이 모든 과정에서 던져야 할 핵심 질문은 이것이다. "아내는 사랑받고 있다고 느끼는가? 남편은 존경받고 있다고 느끼는가?"

10 아가서 2장 15절에서 두 연인은 "여우 곧 포도원을 허는 작은 여우"를 잡기로 결심한다. 즉, 그들은 뭔가가 사이에 끼어들어 관계를 망치게끔 내버려두지 않으려 했다. 당신의 결혼생활을 망치고, '관계의 악순환'이 끊임없이 돌아가도록 위협하는 '작은 여우'는 무엇인가?

결혼생활에는 늘 고통이 따르겠지만(고전 7:28), 그것을 필연적으로 겪어야만 하는 것은 아니다. 어떤 고통은, '작은 여우'를 제대로 다루지 않아서 생긴다. 불필요한 고통을 야기하는 부정적인 것을 줄여나가기 위해 당신은 어떤 일을 하겠는가? '작은 여우'를 쫓아내기 위해 취할 수 있는 몇 가지 행동을 적어보라. 이때 상대방에게 필요한 것보다 자기 자신에게 필요한 부분을 생각하는 것이 보다 효율적이다.

11 "'비밀'은 에베소서 5장 33절에 있다"(본책 27~28쪽)에서 에머슨은 하나님이 어떻게 '관계의 악순환'을 멈출 수 있도록 도와주셨는지를 설명한다. 그 비밀은 에베소서 5장 33절에 나와 있다.

> 그러나 너희도 각각 자기의 아내 사랑하기를 자신같이 하고
> 아내도 자기 남편을 존경하라.

"사랑과 존경은 어떻게 연결되는가"(본책 28~29쪽)에서 에머슨은 자신이 에베소서 5장 33절을 연구하다가 사랑과 존경 간의 뚜렷한 관계를 어떻게 발견하게 되었는지를 이야기한다. 남편은 아내가 존경하라는 명령에 순종하지 않을 때에도 그녀를 사랑하라는 명령에 순종해야 하고, 아내는 남편이 사랑하라는 명령에 순종하지 않을 때라도 그를 존경하라는 명령에 순종해야 한다는 사실을 깨달았다.

그가 지적한 것처럼, 에베소서 5장 33절을 이와 다르게 해석할 여지는 별로 없다. 남편은 "아내가 저를 존경하면, 아내를 사랑할 겁니다"라고 할 수 없으며, 아내도 "남편이 저를 사랑하면, 남편을 존경할 거예요"라고 말할 수 없다(본책 27쪽 참고). 아내를 향한 남편의 사랑은 조건이 없어야 하고, 남편을 향한 아내의 존경 역시 무조건적이어야 한다.

이런 주장을 어떻게 생각하는가? 에베소서 5장 33절을 이것과 달리 해석할 수 있다고 보는가? 많은 아내는 자기 남편이 존경받을 만한 자격이 없다고 생각한다. 물론 타당한 이유가 있다. 그럼에도 불구하고 바울은 마음속 깊은 곳에 이런 감정을 갖고 있을 아내들에게 어떻게 말하는가? 부록 F의 2번에 몇 가지 추가 설명을 적어두었다.

배우자가 이런 논의 자체를 불편해할 수도 있다. 어떤 사람은 여기에 사용된 헬라어의 의미에 대해 좀 더 토론하고 싶어 할 것이다. 에머슨이 전하려는 핵심은, 남편은 조건 없이 아내를 사랑하고 아내는 조건 없이 남편을 존경해야 한다고 에베소서 5장 33절이 분명하게 가르친다는 사실이다. 아내 입장에서는 이것이 새롭고도 놀라운 관점일 수 있다. 따라서 남편은 아내가 이런 관점을 받아들이기까지는 시간이 필요함을 인정해야 한다.

12 조건 없는 존경이라는 개념에 관해 더 알고 싶다면 "사랑과 존경이 일차적인 필요인 이유"(본책 30~32쪽)를 읽으라. 특히 본책 31~32쪽에 보면 에베소서 5장 33절에 관한 부가 설명과 함께 베드로전서 3장 1~2절은 어떤 식으로 남편을 향한 조건 없는 존경을 실천할 수 있도록 하는지 적어보라. 여기서 베드로가 가리키는 남편은 어떤 이들인가? 불신자이거나 아내를 사랑으로 대하지 않는 남편에 대해 그리스도인 아내가 어떻게 존경심을 가질 수 있을까? 아니면 여기서 베드로는 존경심이 아닌 다른 무엇을 요청하는 것일까? 각자의 생각을 적어보라. 베드로전서 3장 1절에 관한 추가 해석과 남편이 이를 적용하는 방식에 대해서는 부록B를 참고하라.

이 질문은 그냥 가볍게 다루고 넘어가고 싶을지도 모르겠다. 하지만 베드로전서 3장 1절과 에베소서 5장 33절은 상호 참조 구절임을 명심하기 바란다. 이 두 구절 모두 아내가 남편을 조건 없이 존경해야 한다고 가르친다.

13 에머슨은 결혼생활에서 사랑과 존경 사이의 강한 연결고리를 인식하도록 하나님이 이끌어주시기 전까지는 둘 사이의 관계를 온전히 이해하지 못했다고 말한다(본책 28~29쪽). 사랑하지 않을 때 아내는 존경 없이 반응하며, 존경하지 않을 때 남편은 사랑 없이 반응한다. 이것이 바로 '관계의 악순환'이다.

본책 28~29쪽을 다시 읽으면서 에머슨의 논리를 따라가 보라. 앞뒤가 맞는 것 같은가? 그렇다면 무엇 때문이고, 그렇지 않다면 또 왜 그러한가? 그의 생각이 당신의 결혼생활에는 어떻게 적용되는가? 남편들이여, 아내를 사랑하는 법을 이해하고 있다고 생각하는가? 아내들이여, 남편을 존경하는 법을 이해하고 있다고 확신하는가? 그렇게 생각하는 근거가 무엇인지 예를 들어보라.

 나는 이렇게 아내를 사랑한다.

 나는 이렇게 남편을 존경한다.

 위 질문에 대한 답을 가지고 다음과 같이 두 가지로 활용할 수 있다.

• 혼자만 답을 알고 있되 배우자를 향한 자신의 대응 방식을 확인하는 기준으로 사용한다.
• 지금 바로 배우자와 공유하면서 상대방의 피드백을 얻는다. 기회가 있을 때마다 상대방에게 긍정적인 제안과 격려를 하려고 노력한다.

14 본책 32~33쪽에서 에머슨은 자기 부부가 경험한 '인생을 바꾸는 결정'에 관해 설명했다. 그는 사라가 무슨 말을 하고 무슨 행동을 하든 아내를

믿기로 결심했다. 아내가 심술궂게 행동하거나 화를 낼 수는 있지만 그래도 그 마음 깊은 곳에는 선한 의도가 있다고 생각했기 때문이다. 남편을 존경하지 않는 것처럼 보이더라도 아내의 진짜 목적은 그게 아니라고 여긴 것이다. 사라 역시 에머슨이 어떤 말을 하고 어떤 행동을 하든 남편의 마음 깊은 곳에는 악감정이 없다고 믿기로 했다. 후추 뿌린 계란과 젖은 수건이 그들의 결혼생활에서 어떤 역할을 했는지 궁금하다면 본책 33~35쪽을 읽어보라.

1단계를 마치기 전에 잠시 사랑과 관련된 여자의 깊은 욕구와 존경과 관련된 남자의 깊은 욕구가 무엇인지를 생각하고 기도하는 시간을 가지라. 본책 32쪽에서 에머슨이 묘사한 결정이 당신에게는 어떻게 적용 가능한지 묵상하기 바란다. 혼자서 공부하는 경우라면 당신은 여러 가지 난처한 상황을 만나고 있을지도 모른다. 본인은 결혼생활의 답을 찾고자 애쓰는데, 배우자는 아무 관심이 없는 상태일 수도 있다. 상대방이 어떻게 행동하고 말하든 간에 마음으로는 사랑(혹은 존경)한다고 여기고 싶지만 확신이 서지 않을 수도 있다. 에머슨은 2단계에서 소통 문제를 유발하는 주 원인인 남녀 간의 차이를 비롯하여 우리와 공유할 통찰을 몇 가지 더 나눌 예정이다.

이번 단계를 읽으며 경험한 '깨달음의 순간'이나 각자의 질문 혹은 관심사를 나눠보라. 어쩌면 에머슨 부부처럼(본책 32쪽) 배우자의 선한 마음을 믿기로 결심했을 수도 있지만, 부부 중 한 사람은 아직 이런 준비가 되어 있지 않을지 모른다. 특히 아내는 남편이 초반에 내키지 않거나 불편해하는 모습을 보이더라도 비판하거나 무시하지 말기 바란다. 서두르면 안 된다. 2단계에서는 남녀 간의 심대한 차이에도 불구하고 어떻게 하면 남편과 아내가 서로 소통하는 법을 배울 수 있는지를 설명할 것이다.

사랑과 존경으로 가는 여정

— ✦ —

이 워크북 안에는 각 단계마다 본책에서 인용한 핵심 성경구절에 관해 에 머슨이 묵상한 내용이 들어 있다. 에머슨의 의견과 직접 소통하면서, 사랑 과 존경으로 가는 자신만의 여정을 기록으로 남겨두라. 개인 혹은 부부의 성장과 발전 과정이 담긴 아름다운 기록이 될 것이다.

1 "하나님이 해 아래에서 네게 주신 모든 헛된 날에 네가 사랑하는 아내 와 함께 즐겁게 살지어다"(전 9:9). '관계의 악순환'에 들어설 때 남편은 대 체로 두 손 들고 패배를 인정한다. 하지만 전도서 9장 9절은 남편이 결혼생 활에 생각보다 더 큰 영향력을 미칠 수 있다고 이야기한다. 남편인 당신은 아내를 위해, 혹은 아내와 함께 어떤 식으로 유익하고 즐거운 시간을 만들 수 있겠는가? 어떻게 하면 부부의 얼굴에 미소가 돌아올까?

2 '관계의 악순환'은 "악한 것이 얼마나 어리석은 것이요 어리석은 것이 얼마나 미친 것인 줄을 알고자 하였더니"(전 7:25)라는 말씀과 밀접하게 연 관된다. 여기서 '미쳤다'라고 할 때는 정신적으로 문제가 있는 경우라기보 다는, 어리석고 열매를 맺지 못하며, '정신 나간' 듯이 행동하고 반응하는 사람을 가리킨다. 존경받지 못한다고 느끼는 남편은 어떤 '미친' 행동으로 사랑 없는 반응을 보이는가? 또한 아내는 사랑받지 못했다고 느꼈을 때 어 떤 '미친' 행동으로 존경 없는 반응을 보이는가? 때로는 이런 반응이 것이 자연스럽게 보일 때도 있겠지만 별다른 효과는 가져오지 못한다. 사랑과 존경 없는 반응이 상대방의 영혼에 어떤 효과를 미치는지 생각해보라.

3   에베소서 5장 33절에서 바울은 "너희도 각각 자기의 아내 사랑하기를 자신같이 하고 아내도 자기 남편을 존경하라"라고 썼다. 에베소서 5장은 성경에서 결혼이라는 주제를 가장 구체적으로 다룬 부분이다. 그중에서도 마지막 구절인 33절은 사실상 이 주제에 관한 하나님의 '결정적 말씀'이라고 봐도 무방하다.

그러나 순종하지 않는다면 아무 도움이 되지 않는다. 두 사람이 사랑과 존경 고리를 결혼생활에 적용시키면 하나님이 의도하신 결혼생활을 경험할 수 있을까? 솔직하게 적어보라. 의심이 든다면 그것도 적으라. 그리고 그 내용으로 하나님께 기도하라.

오해 패턴 버리기

2단계를 본격적으로 시작하기에 앞서 본책 2장 〈메시지에 붙은 암호를 풀어라〉를 읽어보라. 혼자 공부해도 좋고 부부가 함께 살펴봐도 좋다. 독자 모두를 향한 질문에 먼저 답하고, 그다음에는 상황에 따라 아내 혹은 남편에게 주어진 질문에 답하라. 부부가 함께 공부하고 있다면 부부를 향한 질문에도 답하라. 소그룹 단위로 공부할 사람은 부록A에 제시된 몇 가지 제안을 참고하기 바란다.

2장의 질문들

—◦◦◦◦—

1   에머슨은 남편과 아내가 서로 '암호'로 대화하는 경우가 많다고 하면서 상대방이 보내는 메시지를 바르게 해독(解讀)하는 법을 배워야 한다고 말한다(본책 39쪽). 이 말을 어떻게 생각하는가?

당신이 생각하기에, 일상의 대화에서 배우자는 얼마나 자주 '암호'를 사용하는가?

항상___   자주___   가끔___   드물게___

부드럽고 조심스럽게 이 질문에 답하라. 특히 '항상'이나 '자주'에 답을 했다면 더욱 그래야 한다. 소통의 문제를 겪고 있다면 이 단계는 그 문제에 관해 이야기하고 어떻게 해결할지를 배우는 시간이 될 것이다. 누구의 문제가 더 심각한지를 논쟁하지 않도록 주의하라.

2 열 번째 결혼기념일에 생일카드를 준 남편 이야기(본책 37~39쪽)를 읽어 보라. 아내가 카드를 받고 화를 내며 반응했을 때, 남편에게는 그런 행동이 어떻게 받아들여졌는가? 남편이 "내가 '좀' 실수했군. 한 번만 더 기회를 줘요"라며 방어적으로 반응했을 때, 그는 아내에게 어떤 메시지를 암호화하여 보낸 것인가? 열 번째 결혼기념일을 멋지게 보내려고 기대했던 이 부부는 어쩌다가 '관계의 악순환'에 들어서게 되었을까?

자신이 쓴 답을 배우자와 비교해보라(부록F의 3번 참고). 어떤 메시지를 암호화하여 보낸 것인가? 행복해야 할 밤에 이 부부는 어떻게 해서 '관계의 악순환'에 들어서게 되었는가?

3 "당신 머리에는 그저 섹스 생각밖에 없지!"(본책 39~41쪽)라는 소제목으로 나오는 이야기를 읽어보라. 남편이 출장에서 돌아온 순간에 온갖 문제와 해야 할 일을 퍼붓듯이 말한 아내가 남편에게 보낸 암호화된 메시지

는 무엇이었을까? 또한 "고맙군. 날 그렇게 배려해줘서!"라고 비꼬듯 말한 남편은 아내에게 어떤 메시지를 보낸 것인가?

4 이후 고단한 하루를 끝내고 잠자리에 들었을 때 이 부부가 서로에게 보낸 암호화된 메시지는 어떤 것이었는가? 그때 그들은 어떤 실수를 했는 가? 왜 상대방의 암호를 해독할 수 없었을까?

3번과 4번 질문에 대한 답을 서로 비교해보라. 두 사람이 해독한 메시지 내용이 서로 일치하지 않았다면 7번 질문을 다룰 때까지 결론을 유보하라. 7번 질문에서 에머슨은 이 이야기를 한 번 더 검토하면서 메시지에 담긴 의미에 관해 이야기한다.

5 "악순환이 계속되는 이유"(본책 41~42쪽)에서 에머슨은 '관계의 악순환'을, 빛이 들어오지 않고 있는데도 아무 생각 없이 전등 스위치만 반복해서 만지작거리는 상황에 비유한다. 온전한 정신으로 무엇이 문제인지를 이해하려고 하는 대신 스위치만 눌러댄다는 것이다. 요점은 간단하다. "우리에게 악영향을 주는 일을 계속 똑같이 한다면 악순환은 지속한다." 당신의 경우, 반복적으로 '관계의 악순환'에 들어서게 만드는 요소는 무엇인가?

이 과정에서 상대방을 너그럽게 대하기 바란다. 상대방 탓을 할 필요 없이 자신의 잘못을 먼저 고백하라. 이 과정이 즐거워야 한다. 사실 어느 부부든 두 사람이 함께 '관계의 악순환'에 올라탈 수 있으며, 그 속도를 늦추고 멈추려 할 때도 두 사람이 함께 노력해야 한다.

6 "남편과 아내의 메시지는 왜 암호화되는가"(본책 42쪽)에서 에머슨은 우리가 서로에게 암호화된 메시지만 보내고 진정한 소통을 하지 않는 이유와 과정을 설명한다. 에머슨 부부가 라디오 듣는 일로 심각하게 싸울 뻔했던 이야기를 보라. 그들은 문제가 커지는 것을 어떻게 막을 수 있었는가?

7 남편이 결혼기념일에 아내에게 생일 카드를 주었을 때, 진짜 문제는 무엇이었나? 또한 아내가 성관계를 원하는 남편을 거부했을 때의 진짜 문제는 어떤 것이었는가(46, 48쪽)?

대부분의 부부 싸움이나 논쟁과 마찬가지로, 이 사례에서도 진짜 문제는 사랑과 존경의 문제로 귀결된다는 주장에 동의하는가? 아내는 사랑받는다고 느끼지 못했다. 어쩌면 키스나 포옹처럼 사랑받고 있음을 확인해 줄 무언가를 원했는지도 모른다. 남편은 존경받는다고 느끼지 못했다. 아내가 자신을 우습게 보지 않고 인정한다는 느낌을 갖길 원했다. 부부가 서로에게 암호로 보낸 메시지의 해석법에 대해서는 부록F의 3번을 참고하라.

8 "우리는 자기만의 렌즈로 세상을 본다"(본책 44~45쪽)라는 글에서 에머슨은 남자와 여자의 대화를 어떻게 묘사하고 있는가? 그에 따르면 여자는 세상을 _____ 선글라스로 보고 _____ 보청기로 듣는다. 남자는 세상을 _____ 선글라스로 보고 _____ 보청기로 듣는다. 이 차이를 이해하는 것이 왜 중요할까? 서로 달랐던 관점을 제대로 이해했더라면 잘못 선택한 카드 때문에 열 번째 결혼기념일을 망친 부부나 출장을 마치고 돌아온 남편과 최악의 재회를 한 그의 아내는 어떻게 달라졌을까?

각 이야기에서 남편이 어떻게 말하고 행동했더라면 아내가 좀 더 사랑받는 느낌이 들었을까? 또한 아내가 어떻게 말하고 행동했어야 남편이 존경받는다는 느낌을 가질 수 있었을까? 이 이야기를 각색하여 두 사람이 함께 해피엔딩으로 만들어보라.

9 사랑에 대한 아내의 욕구와 존경에 대한 남편의 욕구를 마침내 이해하게 된 사람들은 에머슨에게 꾸준히 편지를 보내고 있다. 그중 어느 아내가 보낸 다음 편지를 보자.

> 이번 주에 박사님의 편지를 읽고서야 잘못을 깨달았습니다. 항상 저는 남편을 충분히 사랑하기만 하면 정신을 차리고 제 아버지 같은 사람이 되리라 생각했습니다. 하지만 이번에 하나님은 제가 남편(그리고 제 아버지!)에게 존경과는 거리가 먼 태도를 수없이 보여왔음을 깨닫게 하셨습니다.
> 부부 싸움의 원인이 대부분 제게 있었음을 알았습니다. 남편의 사고방식

을 오해하고, 남편과 화합하고자 하는 마음에 그릇된 방식으로 대화를 시도했던 것이 화근이었습니다. 제가 거만하고 독선적이었음을 인정합니다.

오늘 남편에게 사과의 마음과 변화하고 싶은 심정을 담아 편지를 썼습니다. 그는 "괜찮아. 별일도 아니었는데 뭘!"이라고 답해왔지요. 정말 멋진 남자예요!

남편을 존경하지 않는 것을 그리스도에 대한 불순종이라고 생각한 적이 한 번도 없었습니다. 참 마음이 아프더군요. 지금은 그게 얼마나 큰 죄인지 알고 있으며, 하나님께 은혜를 구하면서 변화되도록 기도하고 있습니다. 관계를 자유롭게 하는 이 진리를 알려주셔서 감사합니다.

은혜와 평화가 박사님과 늘 함께하시기를 바라며, 저 또한 파란색으로 보고 듣기를 소원합니다.

그녀는 이제 '분홍색'과 '파란색'의 차이를 분명하게 보고 있다. 이 아내는 결국 무엇을 이해하게 되었나? "파란색으로 보고 듣기를 소원합니다"라는 말에 담긴 의미는 무엇일까?

아래에는 어느 남편이 보내온 편지의 일부를 소개한다. 이들 부부는 '사랑과 존경 세미나'에 참석하기 전부터 상담을 받아왔고, 사랑과 존경 고리의 원리를 적용하기 위해 세미나 이후에도 계속 상담을 받고 있었다. 편지에는 이런 내용이 담겨 있었다.

아내는 상담 시간에 저에 대한 분노와 제게 받은 상처를 표현했습니다. 상담 선생님은 제가 아내의 말에 '방어적'으로 반응하고, 그녀의 말을 '듣지' 않았으며 그 때문에 아내가 상처를 입고 마음을 닫았다고 결론지었습니다. 선생님은 제게 아내의 '언어'(분홍색)를 배워 그녀의 말을 '들으라'고 권고하셨습니다. 그러면 아내는 마음을 풀고 존경 어린 반응을 보일 것이라고 하셨지요.

　이제 수단과 방법을 가리지 않고 조건 없이 아내를 사랑하라는 거룩한 명령을 받아들입니다. 여전히 '악순환'에 들어설 때도 있지만 거기서 벗어나려고 최선을 다하겠습니다. '분홍색 언어 강좌'에 수강 신청할 생각입니다.

남편이 마침내 이해하게 된 것은 무엇인가? "분홍색 언어 강좌에 수강 신청하고 싶다"라는 말의 의미는 무엇일까?

두 편지의 주인공은 요점을 정확히 파악하고 있었다. 즉, '분홍색'과 '파란색'으로 보고 듣는 사람이 다른 색으로 보고 듣기 위해서는 노력이 필요하다는 점이다. 자신에게 익숙한 방식으로만 보기를 고집한다면 악순환은 계속될 수밖에 없다. 부부가 모두 동의한다면 지금 다음과 같은 선서를 하기 바란다.

　아내인 저는 앞으로 더 많이 파란색으로 보고 듣겠습니다.
　남편인 저는 앞으로 더 많이 분홍색으로 보고 듣겠습니다.

10 본책 50쪽에서 에머슨은 이렇게 말한다. "사실 악순환을 겪는 대부분 남편과 아내를 보면 기본적으로 선한 의도를 가지고 있다. 하지만 그들은 이것을 어떻게 표현해야 할지 모른다." 이 말의 의미는 무엇일까? 에머슨은 '선한 의도를 가진 사람'을 어떻게 정의하고 있는가? "내 배우자는…"으로 시작하는 말로 자기만의 정의를 써보라.

각자의 정의를 비교해보라. 이 용어는 앞으로도 계속 나올 것이다. 여기서 꼭 기억할 것은 배우자가 선한 의도(선의)를 가졌다면 아무리 험하게 짜증을 내고 비이성적인 모습을 보인다 해도 그(녀)는 궁극적으로, 혹은 장기적으로 당신에게 상처를 줄 의도로 그렇게 한 것이 아니라는 사실이다. 단기적으로는 그럴 수도 있겠지만, 그것 역시 상대방이 진정으로 원하는 것은 아니다. 모든 부부는 사실 그녀(아내)에 대한 사랑과 그(남편)에 대한 존경을 원한다. ("어떻게 악한 인간이 선한 마음을 가질 수 있는가?"와 같은 질문에 대해 더 많이 알아보고 싶다면 웹사이트 loveandrespect.com/pearl/를 방문해서 'good will'로 검색해보라.)

11 "결혼을 지탱하는 두 가지 힘"(본책 46~47쪽)에서 결혼생활 전문가 존 가트맨이 20년 이상 배우자와 좋은 관계를 맺으며 살아온 2천 쌍을 조사한 후 내린 결론을 읽어보라. 그들이 그렇게 오랜 기간 함께 지낼 수 있었던 비결은 무엇이었는가?

___ a. 충분한 돈

___ b. 정기적인 교회 참석

___ c. 대화를 나눌 때 사랑하고 존경하는 말투로 말하기

___ d. 두 사람이 함께 충분한 시간을 보내기

가트맨 박사는 경멸(존경하지 않음)을 "결혼생활을 좀먹는 가장 강력한 세력"이라고 했다. 그의 말에 동의하는가? 경멸이 사람에게 어떻게 상처를 주는지, 사랑하고 존경하는 말투는 또한 사람을 어떻게 치유하는지 이야기해보라.

12 "당신은 내 공기 호스를 밟고 있어요!"(본책 47~49쪽)에 묘사된 비유를 읽어보라. 에머슨은 아내를 사랑 탱크로 연결된 공기 호스를 가진 사람으로 묘사한다. 남편의 다음 말 중에서 아내의 공기 호스를 밟는 표현은 어떤 것인가?

___ a. "설거지 내가 할게, 자기야. 오늘 하루 아이들 때문에 힘들었잖아."

___ b. "애 좀 조용히 시킬 수 없어? 이제 조금 쉬려고 하는데 말이야."

___ c. "오늘밤에 같이 이야기할 시간을 갖기로 한 건 아는데 말이지, 친구들이 얼굴 좀 보자고 그러네."

___ d. "더 빨리 전화 못해서 미안해. 회의가 늦게 끝났어. 6시 반까지는 집에 갈 거야."

남편이 '아내의 공기 호스를 밟는' 행동을 하면 어떤 일이 벌어지는가? 두 사람 모두 쉽게 답을 골랐을 것이다. 남편은 이 질문을 적용해서 자신에게 해당되는 구체적인 사례를 찾아보기 바란다.

13 계속해서 에머슨은, 남편을 존경이라는 큰 탱크로 연결된 공기 호스를 가진 사람으로 그린다(본책 48쪽). 아내의 다음 말 중에서 남편의 공기 호스를 밟는 표현은 어떤 것인가?

___a "납부 고지서가 쌓이고 있어. 왜 당신은 돈을 더 못 벌어오는 거야?"

___b. "자기야. 상황이 어렵다는 거 알고 있어. 날마다 우리를 위해 열심히 일해주니 정말 고마워."

___c. "제인의 남편은 당신처럼 그렇게 하루 종일 TV를 보면서 뒹굴지 않아."

___d. "내가 도움을 필요로 할 때마다 당신이 집에 있으면서 기꺼이 날 도와주니 참 고마워."

아내가 '남편의 공기 호스를 밟는' 행동을 했을 때에는 어떤 일이 벌어질 수 있는가? 이 질문에 대한 답 역시 찾기 쉬웠을 것이다. 하지만 이번에도 이 질문을 활용해 가정에서 실제로 일어나는 일에 적용하며 논의해보기 바란다. 당신은 어쩌다가 배우자의 공기 호스를 밟게 되는가?

14 "남자는 비난을 경멸로 듣고, 여자는 침묵을 적대감으로 느낀다"(본책 49~51쪽)에서 에머슨은 분홍색과 파란색 선글라스와 보청기가 결혼생활에 어떤 영향을 미치는가에 대한 소중한 통찰을 들려준다. 당신이 가진 분홍색, 혹은 파란색 관점에서 이 글을 보고, 눈에 띄는 표현이나 문구가 있다면 3가지 정도를 나열해보라.

1.

2.

3.

에머슨이 관찰한 것처럼, 많은 부부가 선한 의도를 가졌음에도 불구하고 서로의 암호를 해독하지 못한 채, 아내는 사랑을 주는 데 실패한 남편만을, 남편은 존경을 주지 못한 아내만을 본다. 서로 혹독하게 비난하면서 결국 '관계의 악순환'이 돌아가기 시작한다! 상대방의 암호를 해독하는 방법과 '관계의 악순환'을 멈추는 방법에 관해 함께 이야기를 나누라. 아이디어가 더 필요하다면 본책 321~324쪽의 부록A를 참고하라.

15 다음은 '관계의 악순환'에 들어선 자신의 결혼생활을 묘사한 어느 아내의 편지이다. 여기서는 누가 누구의 공기 호스를, 왜 밟고 있는가? 이 주기가 무엇 때문에 시작되었으며 어떻게 지속되고 있는지를 적어보라.

결혼한 지 오래된 부부입니다. … 우리는 둘 다 힘들고 고단한 직업을 가지고 있습니다. 남편과 뭔가 의논하고 싶다가도 제가 남편보다 더 많은 것을 알고 있다는 생각이 들면 머뭇거리게 됩니다. 저는 내성적인 성격이 아니고 매우 공격적인 태도를 취할 수도 있는 사람이며, 평소에도 그런 식으로 일을 해냅니다. 상사가 저를 좋아하는 모습을 남편은 아주 싫어하지요. 제가 입을 닫아야 할까요? 매사에 의견이 서로 다른 것 같아 상황이 점점 심각해지고 있습니다. 정말 고통스럽습니다. 아무 진전이 없는 것 같아 희망이 보이지 않습니다. 제가 대화를 시도할 때 남편은 저를 향해 돌담이 되어버리고, 그가 대화를 시도할 때는 제가 그를 향해 돌담이 돼요. 해결책이 없어보여요.

위 편지를 읽으면서 각자의 생각을 말해보라. 이 아내는 어떤 식으로 남편의 공기 호스를 밟았는가? 이에 대한 반격으로 남편은 어떤 방식으로 아내의 공기 호스를 건드리게 될까? '남편은 저를 향해 돌담이 되어버리고, 아내 역시 그를 향해 돌담이 되는' 패턴은 이 커플에 대해 어떤 사실을 알려주는가?

16 본책 51쪽에서 에머슨은 배우자의 메시지 해독에 필요한 최소한의 정보를 알려준다. "아내가 불평하고 비난하고 울 때면, 그녀는 '난 당신의 사랑을 원해요!'라는 메시지를 암호화해서 보내는 것이다. 남편이 거칠게 말하거나 때로는 침묵으로 일관한다면, 그는 '난 당신의 존경을 원해요!'라는 메시지를 암호화해서 보내는 중이다."

물론 아내의 모든 불평이 전부 다 사랑을 요구하는 외침은 아니겠지만(단순히 만사가 잘 안 풀리는 날이었을 수도 있다), 일차적으로 불평의 기저에는 사랑을 요구하는 외침이 있다고 생각하면 도움이 된다. 아내의 불평에서 사랑을 요구하는 외침을 듣고 나서 거기에 사랑으로 반응한 적이 있다면 자세히 서술해보라. 잘 생각나지 않는다면 아내의 불평을 잘 듣고 해독하기 위해 어떻게 할 것인지 지금 떠오르는 생각을 적어보라.

"다음번에 아내가 불평을 하거나 비판을 해온다면,
  나는 _____하여 사랑을 보여줄 것이다."

남편이 말을 험하게 하거나 침묵한다고 해서 모두 존경을 요구한다고 보기는 힘들지만, 그럴 가능성이 크다. 때때로 자존심 때문에 존경에 대한 필요를 말로 표현하지 못할 수도 있다는 말이다. 남편은 항상 '존경 탱크'를 가지고 있으며, 당신이 남편의 공기 호스를 밟았을 수도 있다는 사실을 인정해야 한다. 최근 남편의 험한 말이나 침묵에서 존경을 요구하는 외침을 들은 적이 있는가? 잘 떠오르지 않는다면, 어떻게 하면 남편의 행동을 기꺼이 잘 해독하여 존경을 표현할 수 있을지 솔직한 생각을 적어보자.

"다음번에 남편이 사랑 없는 모습을 보이거나 험한 말을 한다면,
 나는 ＿＿＿＿＿＿＿＿＿＿＿＿＿＿＿＿＿하여 존경을 보여줄 것이다."

민감한 주제일 수 있지만 잘해낸다면 그만큼 가치 있는 성과를 얻는다. 배우자가 보내는 메시지를 어떻게 오독하는지도 분석해봐야 한다. 예를 들어, 지금 아내는 남편이 모르는 어떤 일로 좌절해서 불평하는 것일 수도 있다. 이런 경우, 딱히 남편의 사랑이 부족하다고 느껴서 그러는 게 아니다. 때때로 이 '덩치 큰 얼간이'가 존경을 원해서가 아니라 그저 이기적이라서 그렇게 행동하는 경우도 있다. 이와 관련하여 남편과 아내 모두에게 도움이 될 만한 조언이 본책 부록A에 들어 있다(321쪽).

부부는 서로 "당신은 날 사랑하지 않아요"라거나 "당신은 날 존경하지 않아요"라고 말해서는 안 된다. 최대한 침착한 태도로 아내는 "이럴 때는 사랑받지 못하는 것 같아요"라고, 남편은 "이럴 때는 존경받지 못하는 것 같아요"라고 말해야 한다. 이제 다음 단계로 넘어가자.

17 2단계 개별 스터디를 마무리하면서 잠깐 시간을 내어 배우자와 암호처럼 주고받은 메시지들을 떠올리면서 기도하라. 기도하면서 자신에게 몇 가지 질문을 던지기 바란다. "배우자가 내 기를 꺾으려 할 때 나는 지금 이야기하는 문제가 핵심이 아님을 이해하고 있는가? 사랑과 존경의 부족이 핵심은 아닌가? 나는 분홍색과 파란색이 얼마나 중요한지, 나와 배우자가 얼마나 다른지 이해하는가? 나의 '공기 호스'를 정확히 인지하고 있으며, 어떻게 하면 호스가 밟히는지 잘 알고 있는가? 또한 어떤 식으로 내가 배우자의 '공기 호스'를 밟는지 정확히 인지하는가?"

필요하다면 본책 42~45쪽과 47~51쪽의 내용을 복습하라. 쉽게 썼지만 매우 깊이 있는 이야기들이다. 이 원리를 얼마나 잘 받아들이고 실천하느냐에 따라 '관계의 악순환'을 멈추거나, 적어도 그 속도를 늦출 가능성을 볼 수 있을 것이다.

2단계에서 배운 것을 서로 이야기해보라. 깨달음의 순간이나 인상 깊었던 질문, 서로 다르게 인식했던 주제가 있다면 나누어보라. 아래에 2단계의 원리와 개념들을 정리했으니 각 문장을 얼마나 이해했는지 적어보기 바란다. (1에서 10까지의 숫자 중 하나를 적으라. 10이 가장 완벽하게 이해한 경우다.)

___ 눈앞의 문제가 문제의 핵심이 아닐 수도 있다.

___ 분홍색과 파란색은 매우 다르다.

___ 누구나 상대방에게 밟힐 수 있는 공기 호스를 갖고 있다.

___ 아내의 불평에는 "좀 더 큰 사랑을 보여줘요!"라는 의미가 주로 담겨 있다.

___ 남편의 침묵에는 "좀 더 큰 존경을 보여줘요!"라는 의미가 주로 담겨 있다.

분홍색이니 파란색이니 공기 호스니 하는 에머슨의 생생한 단어들이 가볍게 들릴 수도 있지만, 그 안에는 정말 중요하고 실용적인 진리가 담겨 있다. 이 내용을 잘 이해하고 더 많이 실행에 옮길수록 배우자와의 대화가 더욱 잘 풀릴 것이다. 단순해 보이지만 실제로는 매우 복잡하다는 것을 유념하기 바란다. 본책의 3장과 4장을 다룬 3단계에서 그 이유를 설명할 예정이다.

사랑과 존경으로 가는 여정

— ⚬⚬⚬ —

각 단계마다 본책에서 인용한 기본 성경 구절을 연구한 내용이 들어 있다. 아래 에머슨의 묵상 내용을 참고하여 자신만의 일지를 써나가라. 현재 결혼생활과 이 공부를 통해 어떤 진전을 얻고 싶은지 기록하면 된다.

1 커플을 상담할 때 나는 야고보서 4장 1절, "너희 중에 싸움이 어디로부터 다툼이 어디로부터 나느냐 너희 지체 중에서 싸우는 정욕으로부터 나는 것이 아니냐"를 자주 인용한다. 부부 사이에 싸움이 일어나는 원인을 생각해보라고 권하면서, 배우자가 사랑이나 존경을 얻지 못할 때 무슨 일이 일어나는가를 묻는다(약 4:2). 아내라면, 사랑받지 못한다고 느낄 때 남편의 사랑을 얻기 위해 무엇을 하는가? 이때 하는 말이나 행동이 다툼을 초래하는 경우는 없는가? 남편이라면, 존경받지 못한다고 느낄 때 아내의 존경을 얻기 위해 무엇을 하는가? 사랑 없는 말이나 행동(혹은 그냥 돌담이 되는 것)은 어떤 도움이 되었는가? '관계의 악순환'에 들어갔을 때 어떻게 행동하는지를 스스로 평가해보라. 그 싸움과 다툼은 얼마나 효과적이었는가?

2　엄청나게 높은 이혼율을 보면 "그들의 평생에 미친 마음을 품고 있다가"(전 9:3)라는 말씀이 사실임을 알 수 있다. 아내라면, 남편의 사랑을 더 얻으려다가 도리어 남편에 대한 존경과 거리가 먼 행동을 하면서 스스로 정신 나간 것처럼 느꼈던 때가 있지 않은가? 남편이라면, 아내의 존경을 더 얻으려 하였으나 문득 자신을 보고 '내가 미쳤군' 하는 생각이 든 적은 없는가?

최근에, 의식적이든 무의식적이든 '저 여자(남자)가 나를 더 존경(사랑)하지 않으면 나도 사랑(존경)을 보여주지 않겠어'라고 생각한 적이 있는가? 두 사람이 계속해서 이런 마음을 품고 지낸다면 결혼생활이 벼랑 끝으로 내몰릴 가능성은 얼마나 커질까?

3　"각각 자기의 아내 사랑하기를 자신같이 하고"(엡 5:33)라는 바울의 말은 단순한 제안이 아니었다. 이 말씀을 진지하게 받아들인 어느 남편이 이런 편지를 보내왔다. "하나님께서 박사님에게 알게 하신 진실이 요즘 제 생활 전반에 영향을 미치고 있습니다. 그 말씀을 실제로 적용했을 때 아내의 눈이 빛나는 것을 보았습니다. … 반대로 박사님이 여러 자료와 하나님의 말씀을 통해 가르쳐준 원리를 실천하지 못했을 때는 그 눈에서 패배감과 절망을 보았고요."

남편들이여, 에베소서 5장 33절 전반부는 당신에게 어떤 의미인가? 명령인가, 아니면 그저 하나의 '제안'일 뿐인가? 아내들이여, 남편을 존경하라는 에베소서 5장 33절 후반부를 읽어보라. 이 말씀이 명료한 명령으로 느껴지는가, 아니면 남편이 '자격을 갖췄을 때만' 따를 수 있는 제안으로 여겨지는가?

태도 바꾸기

3단계를 시작하기에 앞서 본책 3장 〈왜 그녀는 존경하지 않고, 왜 그는 사랑하지 않는가?〉와 4장 〈남자들이 가장 두려워하는 것〉을 읽기 바란다. 독자 모두를 향한 질문에 먼저 답하고, 그다음 각자 상황에 따라 아내 혹은 남편을 향한 질문에 답하라. 부부가 함께 공부하고 있다면 부부를 향한 질문에 답하라. 소그룹 단위로 공부할 사람은 부록A에 제시한 몇 가지 제안을 참고하기 바란다.

3장의 질문들

지금까지는 사랑과 존경 고리와 '관계의 악순환'에 대해 개괄적으로 살펴보았다. '분홍색'과 '파란색'으로 상징되는 남녀 간의 차이에 대해서도 배웠다. 배우자의 공기 호스를 밟지 않도록 조심해야 한다는 것과 '관계의 악순환'이 결혼생활에 영향을 미치는 이유도 이해했다. 즉, 아내는 자신이 사랑받지 못한다고 느낄 때, 남편이 생각하기에 존경받지 못한다고 여겨지도록 반응할 수 있다. 남편 역시 자신이 존경받지 못한다고 느낄 때, 아내 생각에는 사랑받지 못한다고 느껴지도록 반응할 수 있다. 그런 식으로 이 주기가 돌아간다. 누구도 여기에 들어서고 싶지 않을 것이다. 이 기간이 짧더라도 무척 괴로운 일인데, 어떤 부부는 불행하게도 몇 년씩이나 이런 상태에 빠져 있다. 여기서 벗어나는 일은 생각보다 쉽지 않다. 이 단계에서 다루는 본책 3장과 4장을 통해 아내가 남편을 존경하기 어려운 이유와 남편이 아내를 사랑하지 않으려는 이유에 대해 보다 심도 깊게 알아보자.

1 본책 53~54쪽에 나온 편지를 쓴 남편은 그 누구보다 '관계의 악순환'의 딜레마를 잘 표현하고 있다. 이 편지를 자세히 읽어보라. 그가 영혼 깊은 곳으로부터 말하고 싶은 바는 무엇인가? 그의 아내는 결혼생활과 남편에 대해 뭐라고 말하는가? "당신은 내가 생각했던 그런 남자가 아니에요"라는 말은 남편에게 어떤 영향을 미칠 것 같은가?

"당신은 내가 생각했던 그런 남자가 아니에요"와 같은 식의 말을 들은 남편이 느꼈을 감정을 유추해보고 배우자와 의견을 나누라. 균형 잡힌 논의를 위해 이런 질문에 대해서도 생각해보라. "남편이 화난 말투로 부부의 문제에 대해 일방적으로 아내를 비난할 때 아내는 어떤 영향을 받을까?

2 "조건 없는 존경은 정말 모순인가?"(본책 55~57쪽)를 읽으라. 에머슨은 '조건 없는 존경'이라는 말이 굉장히 낯설다고 느끼는 여성을 많이 만났다고 한다. 이들에게 조건 없는 존경은 모순으로 들렸던 것이다. 어째서 많은

여성이 이렇게 느낄까? 아래 보기에서 한 가지 이유를 고르거나 자신의 의견을 써보라.

___ a. '존경'은 남편이 수고하여 얻어야 하는 것이라고 생각하기 때문에

___ b. 내게 사랑을 보이지 않는 남편은 존경받을 자격이 없다고 생각하기 때문에

___ c. 남편에게 조건 없는 존경을 보이면 그에게 제한 없는 자유를 주는 것과 같다는 생각 때문에

___ d. 기타 의견: _____

각자 고른 답을 가지고 논의해보라. 이 질문과 관련하여 더 진지하게 이야기를 확장하고 싶을 수도 있을 것이다. 가령, 아내에게 존경을 받으려면 그럴 만한 수고가 필요하다고 남편에게 말하면, 왜 결국에는 양쪽에 다 불리한(lose-lose) 상황이 될까? 존경을 보이는 것과 존경을 느끼는 것 사이의 차이는 무엇인가? 존경이 느껴지지 않는데도 존경을 보이는 것이 잘하는 일일까?

3 "하나님은 남자를 그렇게 만드셨다"(본책 57쪽)라는 글에는 "저희는 너무나 다르게 생각해요. 저는 그가 존경에 관심을 두고 있다는 것조차 이해가 되질 않아요"라는 어느 아내의 말이 나온다. 어떻게 하면 존경에 대한 남편의 욕구를 이해하게 할 수 있을까? 존경에 대한 남편의 욕구가 사랑에 대한 자신의 욕구만큼 크다는 것을 기억한다면 도움이 될까? 또한 남편은 어떻게 하면 자신의 파란색 선글라스와 보청기를 조정할 수 있을까? 특히

아내에게 깊은 상처를 주는 행동을 해온 경우라면, '조건 없는 존경'이라는 낯선 개념에 적응하려는 아내의 노력에 고마워하며 느긋하게 기다려주는 일은 얼마나 중요한 일인가? 아래에 각자의 생각을 적어보라.

'존경'에 대해 각자 어떻게 인식하는지를 이야기해보라. 서로 선글라스와 보청기를 조금씩 조정할 때 어떤 긍정적인 일이 일어날까?

4   에머슨은 자신 역시 수년 동안 목사로서, 남편이 조건 없이 사랑을 베풀어야 성공적인 결혼생활이 가능하다고 생각했고 그렇게 전해왔음을 인정한다. 하지만 설교에 변화를 주어 남편에 대한 조건 없는 존경에 동일한 중요성을 두기 시작하자 반응이 엇갈리기 시작했다. 어느 여성 모임에서는 두 차례 강의를 한 뒤에 더 이상 오지 말라는 말도 들었다. 그들은 "남편을 어떻게 사랑할 수 있는가?"에 대해 강연할 사람을 원했다. 하지만 그들은 아내가 남편을 온전히 사랑하는 방법은 의미 있는 방식으로 남편을 존경하는 것에 있음을 놓치고 있었다. 아내는 어떻게 의미 있는 방식으로 남편을 존경할 수 있을까? 아내가 이런 종류의 존경을 보이려 노력할 때 남편은 이에 감사하는 마음을 표현하기 위해 무엇을 할 수 있을까? 개인적인 생각을 글로 써보라.

위에 쓴 내용을 서로 나누라. 존경에 대한 남자의 깊은 필요를 받아들이기 힘들어 한다면 강요하지 말고 서로를 조심스럽게 대하기 바란다.

5 "존경은 남자의 가장 깊은 필요"(본책 62~65쪽)에서 에머슨은 국가적 차원에서 진행한 어떤 연구 결과를 소개한다. 400명의 남성에게 '세상에 홀로 남겨져서 사랑받지 못하는 것'과 '모든 사람에게 존경받지 못하는 것'이라는 두 가지 서로 다른 부정적 경험 중에서 하나를 선택하게 한 것이다. 이에 대해 74퍼센트가 '모든 사람에게 존경받지 못하는 것'보다 '세상에 홀로 남겨져서 사랑받지 못하는 것'이 낫다고 선택했다(본책 62쪽).

당신은 존경받지 못하는 것이 더 부정적인 경험이라고 여기는 74퍼센트에 속하는가?

이 설문조사 결과가 놀랍게 느껴지는가(혹은 그렇지 않은가)? 그 이유는 무엇인가?

서로의 답을 비교한 후에 사랑과 존경을 물과 음식에 비유한 에머슨의 설명에 대해 이야기해보라(본책 62쪽). "남자에게 사랑은 음식과 같고, 존경은 물과 같다"라는 에머슨의 말에 동의하는가? 사랑도 음식처럼 중요하지만, 존경은 물과 같아서 한층 더 필수적이라는 말이다. 이 사실은 당신의 결혼생활과 관련하여 어떤 힌트를 주는가?

6 남편이 아내를 사랑할 뿐만 아니라 존경도 해야 한다고 가르치는 성경말씀은 없을까? 에머슨은 이 질문을 자주 받아왔다. "남편은 아내를 동등한 자격을 가진 자로서 귀히 여긴다"(본책 65~67쪽)라는 글에서 그는 베드로전서 3장 7절을 인용한다. 베드로는 남편들에게 아내를 "생명의 은혜를 함께 이어받을 자"로 여겨 존경을 보이라고 가르친다. 에머슨은 이 말씀을 어떻게 해석하였는가? 갈라디아서 3장 28절은 여기에 관해 어떻게 가르치고 있는가?

남편과 아내는 서로 무척 다르지만, 하나님이 보시기에 그들은 그리스도 안에서 동등하다(갈 3:28 참고)는 개념에 대해 논의하라. 아내를 동등한 자격을 가진 자로서 귀히 여긴다는 사실을 보여주기 위해 남편은 어떤 실천을 할 수 있을까?

7 본책 66쪽에서 에머슨은 이 개념을 발전시켜 (부부는 동등하지만) 여자는 '더 소중한 존재'로서, 남자는 '순서로는 남편이 먼저'로 여겨지길 바라는 마음이 있다고 설명한다. 여기서 말한 '먼저'라는 표현에 대한 느낌을 간직하면서 다음 질문에 답해보자.

아내가 '더 소중한 존재'이기를 열망하는 이유가, 자기중심적이기 때문이라고 생각하는가, 아니면 베풀며 섬기기 위해서라고 생각하는가?

![icon] 대부분의 남편은 '동등하지만 순서로는 먼저'로 인정받고 싶어 한다. 이렇게 군림하는 것이 자신의 '권리'라고 믿기 때문일까, 아니면 가족을 이끌고 보호하며 죽는 것도 마다하지 않고 책임감 있게 가족을 돌보려는 마음 때문일까?

![icon] 각자의 답을 비교하라. 본책 66쪽 마지막 문단에서 에머슨은 "남자가 자기 아내를 더 소중한 존재로 여길 때, 그리고 그녀가 남편을 대하면서 동등하지만, 우선적인 존재로 존경할 때, 결혼생활은 잘 유지된다"라고 단언한다. 저자의 말이 옳다고 생각하는가? 이것을 결혼생활의 주된 목표로 삼겠는가? 배우자도 같은 생각인가?

8 "남편이 존경을 '얻어내야만' 하는 것은 아니다"(본책 68쪽)라는 글을 보라. 에머슨은 아내 입장에서 남편에게 조건 없는 존경을 보이는 일에는 끊임없는 노력이 필요하다고 남편들에게 주의를 준다. 왜 남편들은 '조건 없는 존경'을 무기로 사용해선 안 되는가?

![icon] 각자 지금 느끼고 생각한 바를 이야기해보라. 현명한 남편이라면 아내가 성경의 가르침을 실천하려고 노력할 때 '화를 돋우는' 행동을 하지 않을 것이다. '사랑과 존경 세미나'에 참가했던 남편들이 보내온 편지 두 통(본책 67~68쪽)도 함께 읽어보라. 두 사람은 각기 어떤 통찰을 얻었으며, 그들이 얻은 정보는 아내를 대하는 태도에 어떤 영향을 미쳤는가?

4장의 질문들

— ∽ —

9 　본책 71쪽에서 4장을 시작하면서 에머슨은 '관계의 악순환'을 지속시키는 강력한 요소인 비난, 특히 경멸에 대한 남자들의 공포를 다룬다. 남자는 아내의 말에 전혀 아랑곳하지 않는 것처럼 보이지만 사실은 매우 상처받기 쉬운 존재다. 일반적으로 남자는 싸움을 좋아하는 것처럼 생각하지만 에머슨이 3장에서 지적한 대로 집과 가족을 보호하라는 부름에 응했을 경우에만 그렇게 한다. 존경받지 못한다고 느끼면서 아내와 갈등을 겪으면 그들은 속수무책이다(본책 72~73쪽 연구 결과를 보라).

　에머슨은 "남편은 아내가 자신을 사랑하는 것을 마음속으로는 알고 있다. 하지만 아내가 자신을 존경하는지는 확신하지 못한다"라고 썼다. 남자들이 지나치게 예민한 것일까? 아니면 거만하기 때문에 존경받는 것에 그토록 신경을 쓰는 것일까? 당신의 솔직한 생각을 적어보라.

위에 쓴 생각을 배우자와 나눠보라. 남자들 사이에 '명예 코드'라는 것이 있다는 에머슨의 글을 읽어보라. 소년 시절부터 남자들은 다른 사람에게 말해서는 안 되는 것이 있음을 배워왔다. 그런데 아내는 집에서 남자들끼리는 결코 말하지 않을 방식으로 남편에게 말한다. "어떻게 이렇게 공격적이고 사사건건 자신을 무시하는지 도저히 믿을 수 없을 정도다"(본책 73쪽). 이를 보여주는 경험이 있는가? 아내인 당신은 남편에게 '공격적'으로 말한 적이 있는가?

10 "아내와 갈등하는 남편의 85퍼센트는 점점 돌담이 된다"(본책 74쪽). 두 사람 중에서 누가 주로 비난을 하고 누가 돌담이 되는가? 일반적으로는 왜 남자들이 돌담 역할을 하는 것일까?

돌담이 된다는 것은 간단히 말해, 대화하기를 거부하는 것이다. 부부가 논의하기에 민감한 문제일 수 있으니 상대방의 상태를 세심히 살피며 이야기를 이어가라.

11 "여자가 갈등을 다루는 방식"(본책 74~76쪽)에서는 여성들이 다른 여성(가령 친한 친구 같은)과의 갈등을 어떻게 처리하는지를 묘사한다. 왜 부부 싸움 중에 나오는 아내의 불평은 친한 동성친구와의 갈등에서와는 달리 슬픔과 포옹, 웃음으로 이어지는 일이 드문 것일까? 아래 보기에서 이유를 고르거나 자기 의견을 써보라.

___ a. 남편의 자존심이 너무 세서 자기 잘못을 인정하지 않기 때문이다.
___ b. 아내가 마음 깊은 곳에서는 화해를 원한다는 사실을 남편이 보지 못하기 때문이다.
___ c. 남편이 비난을 경멸로 느껴 입을 꾹 다물기 때문이다.
___ d. 아내가 동성친구보다는 남편에게 더 비판적이고 단정적이기 때문이다.
___ e. 기타 의견: _____

답을 비교해보라. 서로 얼마나 다르게 생각하고 있는가? '분홍색'(아내의 관점)과 '파란색'(남편의 관점)의 전형적인 예가 보이는가? 아내가 친한 친구를 대하듯 남편을 대하는 것은 왜 좋은 접근법이 아닌가?

12 "아내의 비판은 악순환의 시작"(본책 76~79쪽)을 읽으라. 왜 아내는 남편에게 비판(혹은 잔소리)이라는 악의 없는 실수를 하는 것일까?

부부 사이에서 오고 가는 '잔소리'에 대해 이야기해보자. 남편이 평소 그렇게 느꼈던 말이 있다면 조심스럽게 말해보라. 조건 없는 존경에 대한 남자의 필요는 아내의 특정한 조언을 듣고 비판으로 해석하게 만든다. 아내는 자신이 '건설적인 조언'이라고 생각한 것을 남편이 잔소리로 단정했다고 말하면서 방어적인 태도를 보이지 않도록 하라. (이와 관련하여 아내가 할 수 있는 일에 대해서는 13번 질문을 참고하라.)

13 자신의 말이 잔소리(비판)로 들리지 않게 하려면, 아내는 남편을 대하기에 앞서 스스로에게 이런 질문을 해보자. 이 중에서 가장 적절한 질문은 어떤 것일까?

___a. 내가 지금 하려는 말이나 행동을 통해 남편은 우리가 동등하며, 나를 '열등한 존재'로 대할 수 없다는 사실을 알게 될까?

___b. 내가 지금 하려는 말이나 행동은 그를 사랑한다는 인상을 줄까, 그렇지 않다는 인상을 줄까?

___c. 내가 지금 하려는 말이나 행동은 그를 존경한다는 인상을 줄까, 그렇지 않다는 인상을 줄까?

어떤 질문이 아내가 자문하기에 가장 좋은 질문으로 보이는가? 남편이 아내와 대화하기에 앞서 살필 만한 가장 적절한 질문은 어떤 것인지에 대해서도 생각해보라. 본책 부록A 중 "자신에게 항상 물어야 할 것들"이라는 소제목 밑의 내용을 참고하라(321쪽). 본책 323~324쪽의 '금기들'도 함께 읽으라.

14 본책 79쪽에 보면 어느 아내가 남편에게 "당신을 사랑하는 것과 존경하는 것 중에서 어떤 것을 원하나요?"라고 묻는 이야기가 나온다. 남편은 무엇이라 대답했는가?

어느 정도 공부를 진행한 지금, 남편에게 이 질문을 편한 마음으로 던질 수 있는가? 그렇다 ___   그렇지 않다 ___   모르겠다 ___

당신은 이 질문에 뭐라 답하겠는가? 사랑 ___   존경 ___

남편이 '존경' 칸에 표시를 했다면 그는 아내가 잘 이해할 수 있도록 도와야 한다. 아래 문장들 중 아내의 이해를 도울 것 같은 문장 옆에 '이'를 쓰고, 아내를 방어적으로 만들 것 같은 문장 옆에는 '방'이라고 써보라.

___ 내가 사랑을 표현하지 않는 것은, 당신이 존경을 표현하지 않기 때문이야.

___ 당신이 날 사랑한다는 걸 잘 알아. 하지만 당신이 날 존경한다는 것은 확신할 수 없을 때가 있어.

___ 당신이 일부러 존경을 표현하지 않는 건 아니라는 걸 알아. 하지만 실제로 당신은 존경과 반대되는 모습을 보일 때가 가끔 있어. 그럴 때도 어찌됐든 나는 당신을 사랑해야 한다는 것을 알지만, 어떻게 해야 할지 모르겠고 그냥 가만히 있는 것이 더 편안하게 느껴져.

___ 존경을 바라는 나의 욕구만 채워진다면 이 결혼은 완벽할 텐데.

___ 당신의 사랑에 대해서는 별로 신경 쓰이지 않아. 난 그냥 존경을 받았으면 좋겠어.

___ 종종 내가 존경받을 만하게 행동하지 않는다는 걸 알아. 당신 생각이 옳아. 하지만 난 당신이 내 깊은 곳에 있는 자아를 존경해주기 원해. 겉으로는 우리 둘 다 좋아할 수 없는 모습을 보이는 때가 간혹 있지만 말이야.

15 "그래! 바로 그거야. 난 존경이 필요해!"(본책 79~81쪽)에서는 불륜에 빠진 남편을 둔 아내의 편지(본책 81쪽)를 소개하고 있다. 그가 불륜에 빠진 이유가 무엇이었는지 생각해보자. 이러한 이유는 남편을 존경하는 방법에 관해 어떤 시사점을 주는가?

이 편지의 내용에 대해 논의해보라. 불륜녀가 남편을 유혹하기 위해 엉큼한 책략을 썼다고 단정하면서 마음 문을 닫아버린다면 여기 드러나 있는 소중한 교훈을 놓칠 위험이 있다.

아내는 남편만큼 성적인 유혹에 쉽게 넘어가지 않을지도 모르지만, 아내 역시 취약한 존재다. 여자들이 불륜에 빠지는 것은 많은 경우 외로움을 느끼거나 사랑받지 못한다고 생각하기 때문이다. 따라서 외도로부터 결혼을 지키는 최선의 방법은 사랑과 존경, 곧 아내에 대한 사랑과 남편에 대한 존경을 회복하는 것이다.

16 "우리가 분명히 보아야 할 진실"(본책 82~83쪽)을 읽으라. "우리는 자신이 상대방에게 한 것을 보기 전에 상대방이 자신에게 한 것을 먼저 본다"라고 말한 본책 82쪽의 문장에 어느 정도로 동의하는가?

　　　　매우 동의 ___　　어느 정도 동의 ___　　전혀 동의하지 않음 ___

이 문장을 보면서 생각나는 성경구절이 있는가?(마 7:12, 눅 6:31 참고) 부부 사이에서 황금률을 실천하는 일이 다른 것보다 어렵게 생각되는 까닭은 무엇인가?

아내는 자신이 사랑받고 싶은 대로 남편을 존경해야 하고, 남편은 자신이 존경받고 싶은 대로 아내를 사랑해야 한다. 이 법칙을 실천하는 게 왜 그렇게 어려울까? 이를 꾸준히 지켜가기 위해 서로를 어떻게 도울 수 있을까? (적절한 자료가 필요하다면 본책 2장을 참고하라.)

17 본책 83~85쪽에서 에머슨은 결혼한 많은 부부가 갈림길에 서 있다고 말한다. 그런 다음 몇 가지 날카로운 질문을 던진다. 부부가 직접 적용하도록 아래에 질문들을 옮겨놓았다.

🧍‍♀️ 이번 기회에 존경에 대한 남편의 필요를 깊이 이해하고자 노력하겠는가? 아니면 계속 비난만 할 것인가? 남편을 사랑하는 가장 좋은 방법이 그를 존경하는 것임을 인정하는가? 아니면 그런 욕구를 시대에 뒤떨어진 것이고 남성 중심적인 생각이라고 치부하면서, 여자인 자신이 느끼는 감정이야말로 행복한 결혼을 위한 핵심이라고 주장하면서 거기에만 집중하겠는가?

🧍 이번 기회에 사랑에 대한 아내의 필요를 올바르게 이해하고자 할 것인가, 아니면 그냥 계속해서 그런 감정을 무시할 것인가? 아내의 불평 너머에 있는 사랑받지 못한다고 느끼는 불안함에 눈을 뜨겠는가, 겉으로 드러난 그녀의 경멸 앞에 위축되어 돌담을 쌓고 피할 것인가?

잠시 기도한 다음 이 질문에 답하기 바란다. 에머슨이 말한 갈림길에 서 있는 부부가 바로 두 사람일지도 모른다. 남편과 함께 이 길로 접어든 어느 아내가 보내온 편지(본책 84쪽)를 읽어보라. 이 시점에서 이 책이 던지는 단순한 메시지에 공감하는지(혹은 그렇지 않은지) 이야기를 나눠보라.

위에 나온 여러 질문이 다소 딱딱하게 느껴질 수도 있다. 하지만 제대로 답하기만 한다면 '관계의 악순환'의 속도를 늦추거나 멈추게도 할 정도로 후한 보상을 받을 것이다. 솔직히 답하라. 배우자의 기분을 잘 살피고 마음으로부터 대화하라.

18 본책 84쪽에서 에머슨은 남편을 조건 없이 존경하지 않는 아내들을 질타하는 것처럼 들렸을 수도 있음을 인정하며 4장을 끝낸다. 그리고 계속해서 이렇게 말한다.

"이번 장에서는 마치 내가 일방적으로 아내들을 질타하는 것처럼 보였을지도 모르겠다. 하지만 이런 생각의 전환이 오히려 도움이 될 것이다. 아내의 존경이 악순환을 멈추게 하는 데 얼마나 중요한지를 잘 알기 때문이다. 그렇다. 아주 기본적인 사랑도 베풀지 않는 얼간이 같은 남자들도 많다. 하지만 그들도 변할 수 있다. 사실, 그들도 변화되고 싶어 한다. 제일 나은 방법은 조건 없는 존경으로 그들을 대하는 것이다."

아내로서, 혹은 남편으로서 당신의 생각은 어떠한가? 에머슨이 여성을 질타하기 위해서가 아니라 돕기 위해 노력하고 있다고 생각하는가?

그렇다 ___ 그렇지 않다 ___ 모르겠다 ___

기타 의견: _____

이 질문에 신중하게 생각하고 토론한 뒤에 답하기 바란다. 남편들이여, 아내가 여전히 '질타'를 받은 듯 느낀다면 "바보 같은 걱정을 하는군" 하는 식으로 답하면 안 된다. "질타로 들렸을 수도 있지만 당신에게 꼭 필요한 말이야"는 최악의 답변이다. 그 대신 더 많은 사랑을 주는 남편이 되겠다고, 아내의 존경만이 그 목표에 도달하게 한다고 아내에게 말하라.

19 진정 '사랑과 존경'이라는 표지판이 적힌 길로 들어설 준비가 되어 있는가? 현재의 솔직한 감정을 적어보라.

조건 없는 존경이 결혼생활에서 어떤 의미가 있으며 남편을 향해 어떻게 행동해야 하는지를 익혀가는 아내를 향해서는 충분한 이해와 인내심을 가지고 대해야 한다. 이런 주장을 여전히 민감하게 느끼는 여성이 있기 때문이다. 지금까지 공부한 내용과 개인적인 결혼생활을 위해 부부가 함께 기도하라. 한 번 '관계의 악순환'에 접어들면 속도를 늦추거나 멈추는 것이 그리 쉬운 일은 아니다. 그렇기 때문에 하나님의 도우심이 필요하다.

사랑과 존경으로 가는 여정

— ❧ —

본책에서 인용한 성경구절을 적극 참고하면서 사랑과 존경으로 가는 여정에서 당신의 생각을 기록하라. 에머슨의 묵상 내용을 참고하는 것도 좋다. 마지막 부분에는 각자 결혼생활과 지금까지의 공부에 관한 현재 생각을 솔직하게 적어보라.

1 베드로전서 3장 1~2절에서 베드로는 아내들에게 남편이 혹 하나님을 믿지 않거나 말씀을 순종하지 않거나 존경받을 자격이 없는 자라도 그를 순종(존경)하라고 가르친다. 베드로는 아내가 그렇게 할 때 남편이 그 "정결한 행실"(NASB 영어성경에는 '존경받을 만한 행실'을 뜻하는 respectful behavior라고 되어 있다—옮긴이)을 보고 구원을 받을 수 있다고도 말한다. 아내가 남편을 향해 '정결한 행실'을 하라는 이 말씀은 구체적으로 어떤 뜻일까?

베드로는 아내의 말투나 표정을 일부 염두에 두고 이 말을 했을 것이다. 남편이 아내가 원하는 모습의 남편(사랑 많고 사려 깊은 남편)이 아닐 때 아내는 변함없는 말과 표정으로 남편에게 무조건적인 존경을 보일 수 있을까? 이는 사랑 없는 남편의 행동을 '승인하라'는 말이 아니었다. 남편이 아내에게 조건 없는 사랑을 보여야 하는 것과 마찬가지로, 아내도 남편에게 무조건적인 존경을 '보여야' 한다고 명한 것이다. 어려운가? 물론 쉬운 일이 아니다. 하지만 이는 기적을 낳는다.

베드로가 암시한 것처럼 이는 아내가 무엇을 말하느냐(음성 언어)보다는 아내가 어떻게 인상을 주느냐(비음성 언어)에 대한 말씀이다. 선한 마음을 가진 남편이라면 지금 당장은 엉망으로 행동하고 있을지라도 아내가 보이는 조건 없는 존경에 끝까지 저항하지는 못할 것이다.

2 왜 성경은 남자들에게는 "너희… 아내…를 위하여 싸우라"라고 가르치면서(느 4:14) 아내들에게는 남편을 위해 싸우라고 하지 않는 것일까? 유명한 문학작품을 생각해보라. 왕자가 공주를 구하러 가는가, 아니면 공주가 왕자의 보호자가 되고 싶어 하는가? 불청객이 집에 들어왔을 때 남편 해리가 아내 샐리를 향해 "샐리! 날 보호해줘! 저 못된 녀석을 여기서 쫓아내줘!"라고 말한다면 아내는 무슨 생각을 할까? 아내를 보호하고자 하는 남편의 갈망을 아내가 존중하고 그것을 인정하거나 칭찬하지 않는다면 남편은 어떻게 느낄까? 아내는 이렇게 자문해보자. "남편에게는 내가 간과해 온 존경이 필요한 것은 아닐까?"

3 결혼생활에서는 특히나 "함부로 말하는 사람의 말은 비수" 같다(잠 12:18, 새번역). 남편이 화가 났다고 해서 으르렁거리듯 "누구도 당신을 사랑할 수 없을 거야!"라고 말한다면 아내에게 얼마나 깊은 상처가 될까? 또 아내가 "누구도 당신 같은 사람을 존경할 순 없지!"라고 쏘아붙이면 남편에게 얼마나 큰 아픔이 될까? 진심이 아니었던 두 사람의 말은 칼로 찌르는 것과 같은 효과를 발휘한다.

사랑과 존경 고리를 실천하는 커플은 '함부로' 말을 하지 않으려 노력한다. 그 대신 잠언 12장 18절 나머지 부분에 나오는 "지혜로운 사람의 말은 아픈 곳을 낫게 하는 약이다"(새번역)라는 말씀에 주의를 기울인다.

4   "슬기로운 사람의 지혜는 자기가 가는 길을 깨닫게 하지만"이라는 잠언 14장 8절(새번역)은 모든 부부에게 유익한 말씀이다. 이 책으로 공부하는 동안 지금 가고 있는 '길'에 관해 많은 생각을 해보았는가?

남편들이여, 존경받지 못한다고 느낄 때 당신은 사랑으로 반응하는 길로 갔는가, 그렇지 않은 길로 갔는가? 아내들이여, 사랑받지 못한다고 느낄 때 당신은 존경으로 반응하는 길로 갔는가, 그렇지 않은 길로 갔는가?

자신의 반응을 온전히 배우자의 잘못 때문이라고 합리화하고 "상대가 먼저 변한다면 모든 게 문제없을 것이다"라고 하면 너무나 쉬운 길이다. 그러나 잠언 14장 8절에 나온 하나님의 경고를 읽기 바란다. "미련한 사람의 어리석음은 자기를 속인다."

4

단계

신뢰하기

4단계를 본격적으로 시작하기에 앞서 본책 5장부터 7장까지를 먼저 읽으라. 세 장 중에서 한두 장에만 집중하고 싶은 사람도 있고, 세 장이 전부 유용하다고 생각하는 사람도 있을 것이다. 각자의 상황에 맞는 장을 고르라. 세 장 전부 자신의 경험과 거리가 멀다고 생각하는 사람도 있겠지만 그래도 그냥 넘어가지는 말라. 4단계에서 나온 질문을 결혼생활에 영향을 미치는 주요 문제와 원리를 복습하는 도구로 이용하라.

5장의 질문들

— ⸎ —

1　본책 5장의 첫 문단에서(본책 87쪽) 에머슨은 수년간 여러 부부를 상담하면서 '관계의 악순환'을 가져온 오랜 습관은 깨기가 힘들다는 것을 깨달았다고 말한다. 변화를 원하는 아내도 "그 사람이 먼저 존경받을 만한 모습으로 변해야 한다"라는 태도를 쉽게 버리지 못하고, 남편 역시 달라지고는 싶지만 다시금 사랑할 줄 모르는 바보처럼 보이는 것을 두려워한다. 이 단계를 시작하는 지금, 당신은 이 연속선상에서 어디쯤 있다고 생각하는가?

남편을 무조건적으로 존경하려고 진심으로 노력할 때 '동네북'처럼 취급받을까 봐 두렵지는 않은가? 솔직한 생각을 적어보라.

아내를 무조건적으로 사랑하려고 노력하다가 실패하면 바보처럼 보이지 않을까, 혹은 그렇게 했는데도 아내가 존경으로 반응하지 않으면 어떻게 하나 두려운 마음이 드는 것은 아닌가? 솔직한 생각을 적어보라.

이러한 질문에 대해 이야기하는 것이 조금은 불편할 수도 있다. 하지만 두려움을 인정하고 솔직하게 이야기하면 많은 유익이 있다. 단, 두 사람 모두 기꺼이 마음을 나눌 준비가 되어 있어야 한다.

2   1번 질문에 나온 걱정은 두 사람에게 있는 가진 또 하나의 중요한 질문과 연결된다. "누가 먼저 시작해야 하는가?"(본책 88~89쪽)를 자세히 읽어보라. "내가 먼저 움직여야 하나요?"라고 묻는 이에게 에머슨은 어떻게 답하는가? 먼저 움직이는 쪽에서 실패하는 일은 거의 없다고 주장하는 이유가 무엇일까?

이것 역시 꺼내기 힘든 질문이다. 그렇지만 이에 대해 논의를 시작하는 것 자체가 어떤 면에서는 '먼저 움직이는' 것이다. 먼저 위험을 감수하고 나서는 만큼 가치 있는 보상을 얻는다.

3 "여자들에게 주어진 힘: 부정적 순환의 고리 끊기"(본책 90~91쪽)에서 에머슨은 자신이 여자들에게 무조건 복종하라고 말하는, 양의 탈을 쓴 남성 우월주의자가 아니라고 강조한다. 이 글을 자세히 읽은 다음, 아래 '아내의 두려움 목록'에서 자신의 결혼생활과 관련 있어 보이는 항목에 표시하라.

아래 항목들 중에서 현재 자신의 두려움을 나타내는 문장에 표시를 해보라.

___ 내가 그를 존경한다면, 그는 나를 더 이상 사랑하지 않을 거예요.

___ 내가 그를 존경한다면, 나는 결국 '동네북'이 되어 그 사람이 원하는 걸 다 해주게 될 거예요.

___ 내가 그를 존경한다면, 마음속에 있는 것을 털어놓을 수 없게 될 거예요.

___ 내가 그를 존경한다면, 남편은 내가 받는 상처나 연약한 부분을 무시할 거예요.

___ 내가 그를 존경한다면, 남편은 거만해지고 자기중심적이 될 거예요.

___ 내가 그를 존경한다면, 나는 진심에서 우러나오지 않아도 뭔가를 해야만 할 텐데, 그건 정말 끔찍해요.

___ 그 밖에 두려운 것을 적어보라.

_____

위 목록에서 아내가 그렇게 생각할지도 모를 문장이 보이는가? 그렇다면 표시하여 추후에 이야기를 나눌 준비를 하라.

이 질문에 대해서는 민감한 대화가 오고 갈 가능성이 크다. 아내는 위 목록 가운데 자신에게 해당하는 것이 없다면, 반드시 남편에게 이야기 해주어야 한다. 그에게 큰 격려가 될 테니 말이다.

아내가 당신에게 조건 없는 존경을 보이는 것을 힘겨워하더라도 남편이 할 수 있는 일은 많다. 첫째, 아내가 용기를 내어 사실을 말해준 것에 감사하라. 둘째, 아내는 사랑을 원하는 선한 마음의 소유자임을 기억하라. 셋째, "어리석군" 같은 말이나, "에이, 그런 건 걱정할 필요가 없어" 하는 표현으로 아내의 두려움을 묵살하지 말라. 넷째, 가능한 한 아내를 이해하고 그녀의 마음에 공감하려고 노력하라.

4 "여자들에게 주어진 힘: 부정적 순환의 고리 끊기"(본책 90~91쪽)에 따르면 여자들은 남편을 바로잡거나 '어머니처럼' 잔소리를 할 때에 자신에게 힘이 있다고 느낀다. 이것이 효과적인 방법이 아닌 이유는 무엇인가? 에 머슨의 성찰이 담긴 다음 문장을 완성하라(본책 91쪽). "그녀는 잔뜩 짜증을 섞어가며 대화하고 점점 그를 자극했다. 그러는 동안 그들 사이에서 뭔가가 점점 죽어 갔다. 그녀는 싸움에서는 이겼지만, _____에서는 지고 있었다."

이 질문은 아내의 비판을 다룬 3단계의 13번, 14번 질문과 유사하다. 이 질문을 가지고 토론한다면 상대방의 공기 호스를 밟지 않도록 조심하라. 다투지 않고 대화가 가능하다면 한 발 더 나가보라. 남편은 자신이 언제 '엄마에게 훈계 듣는 것처럼' 느끼는지를 설명해주고, 아내는 바로잡아야 할 점을 지켜보면서도 지금과는 다르게 남편에게 접근하는 법을 배운다면 많은 도움이 될 것이다. 기억하라. 싸움을 피하고 상대방을 적이 아닌 아군으로 바라본다면 '관계의 악순환'이라는 전쟁에서 승리할 수 있다.

5 "남편을 존경할 때 벌어지는 놀라운 일들"(본책 91~94쪽)에는 남편에게 존경을 보인다는 것이 쉽지 않아서 주저했지만 여전히 하나님을 신뢰했던 여성들이 보내온 편지가 나온다. 각자에게 도움이 되거나 희망을 주는 문구, 혹은 개인적으로 확신을 주는 문구가 있다면 아래에 적어보라.

이 질문은 기본적으로 아내를 향한 것이지만 남편 역시 여기에 답을 하고 그것을 아내와 비교해보라. 이 편지에 나온 남자들에게 활기가 돌게 된 이유가 무엇일까? 이에 대한 자신의 생각을 아내와 나누려고 할 때 어떤 말을 해줄 수 있을까? 그게 무엇이든 존경과 관련된 남편의 필요에 대해 진지하게 알아가려는 아내를 부끄럽게 만드는 일은 삼가야 한다.

6 "남편들이 기억해야 할 한 가지"(본책 94~96쪽)를 보라. 에머슨은 "지난 20년을 우리 결혼이 어떻게 흘러가는지를 이해하는 일에 보냈어요"라고 말한 어느 남편의 사례를 소개하면서, 자신도 그런 감정을 수없이 느껴왔다고 고백한다. 에머슨은 어떻게 그 위기를 극복할 수 있었는가? 아내가 부정적으로 반응하고 비난할 때 남편이 기억해야 할 두 가지 질문은 무엇인가?(본책 95쪽 참고)

6번 질문은 기본적으로 남편을 대상으로 한 것이지만 아내 역시 여기에 답하고 남편과 비교하면 좋겠다. 아내가 비난하거나 화내는 것은 실제로는 "당신의 사랑이 필요해요. 제발 날 사랑해줘요!"라는 말의 다른 표현이라는 에머슨의 설명에 동의하는가?

"지금 내가 하려는 말이나 행동은 아내에게 사랑으로 보일까, 그렇지 않을까?"라고 자문해야 한다는 것을 기억하는가? 이 부분에서 당신이 어떠한지 아내의 생각을 물어보라.

7 "감옥에서 비로소 깨달은 남자"(본책 96~100쪽)를 읽으라. 주말을 감옥에서 보낸 이 남자는 그 '통찰' 경험을 통해 아내의 분노에 담긴 메시지를 마침내 이해했다. 이 이야기에서 가장 눈에 띄는 것은 무엇인가?

8   본책 99~100쪽에서는 아내의 암호를 해독하는 법을 배운 두 남편이 보내온 편지를 소개하고 있다. 본문을 읽으면서 배우자의 암호를 해독하는 방법과 관련하여 눈에 띄는 것이 있다면 메모하라. 어떤 문구 혹은 아이디어가 당신을 사로잡았는가? 당신이 더 자주 사용할 만한 것이 있는가?

🚶 서로의 답을 비교하라. 이와 관련해서 에머슨이 "우리에게 볼 수 있는 눈과 들을 수 있는 귀가 있다면, 악순환은 느려지고 멈출 수도 있다"라고 요약한 것을 어떻게 생각하는가? 개인적으로 자신이 할 일을 이해하고 깨닫는 것도 중요하지만, 배우자가 깨닫고 뭔가를 행할 때 상대방의 말을 잘 듣고 반응하는 것도 매우 중요하다(부록F의 4번 참고).

6장의 질문들

— ⌒◦⌒ —

9   본책 6장은 알코올 중독자인 남편을 존경하려고 애썼지만 "위선자가 되고 싶지는 않았던" 어느 아내가 보내온 편지로 시작된다(본책 101~102쪽). 이런 우려에 대해 에머슨은 어떻게 답하는가?

🚶 민감한 질문일 수 있다. 남편에게 조건 없는 존경을 보이려고 노력하는 중인데 그런 자신이 위선적으로 느껴지는 경우라면 더더욱 그렇다. 조심스럽게 대화를 이어 나가되, 사랑과 존경의 고리를 실천하는 것은 감정의 문제가 아님을 기억하기 바란다. 이는 성경의 가르침을 따르는 일이다.

10 본책 103쪽에서 에머슨은 "남편을 존경하면 오히려 남편의 변화를 가로막을 수도 있다고 생각하는 건가요?"라는 질문을 받은 어느 아내의 이야기를 들려준다. 그녀의 답변을 읽고 나서, 자신의 답을 써보라. 에머슨은 "하나님의 말씀에 순종하는 일은 우리를 무력한 위선자가 되게 하지 않는다"라고 말한다. 동의하는가? 그 이유를 설명해보라.

이 질문에 대해 남편도 답을 써보고 아내와 이야기를 나눠보라. 특히 남편이 충분한 사랑을 주지 않는데도 불구하고 존경을 보이는 아내가 있다면 '무력해' 보이는가, 아니면 '강해' 보이는가? 왜 그런가?

11 본책 104~105쪽에 있는 어느 아내의 편지를 읽고 그 밑의 문단도 읽어보라. 이 아내는 남편에게 존경을 보임으로써 무엇을 얻었는가? 그녀는 사랑이 담긴 남편의 행동에 대한 응답으로 어떻게 하기로 다짐했는가? 남편이 직장에서 돌아와 깨끗한 집과 따뜻한 식사, 그리고 깔끔한 옷을 입은 아내의 행복한 모습을 보면 어떤 느낌이겠는가?

오늘날 문화에서는 전업주부를 찾아보기 힘들다는 것을 알고 있다. 그럼에도 이 이야기에는 모든 부부가 적용할 수 있는 원리가 들어 있다. 현대 여성들 역시 고유의 직업을 가지고 있음에도 감정적인 욕구를 충족받고 싶어 한다. 사랑에 대한 욕구는 없어지지 않았기 때문이다. 남편들 역시 존경에 대한 욕구를 느낀다. 다만 지금은 그런 욕구를 표현하는 남자를 호되게 질책하는 문화가 생겼다. 배우자가 다소 비현실적이거나 시대에 뒤떨어진 대우를 바란다는 생각이 든다면, 문화라는 장벽을 걷어내고 사랑과 존경에 대한 서로의 뿌리 깊은 욕구를 주목해서 보기 바란다. 이것을 실천하기 어려운 순간이 있다면 그때가 언제이고, 왜 그런지를 이야기해보라.

12 "'본때'를 보여주는 대신에 사랑을 보여라!"(본책 105~106쪽)를 읽으라. 남편들은 아내에게 치명적인 타격을 주는 말을 들었을지라도 "나는 존경을 받아 본 적이 없어요!"라고 중얼거리지 말고 아내에게 적극 다가가야한다. 아내가 모욕적인 행동을 하며 존경을 보이지 않을 때 잠언 12장 16절이 남편에게 어떤 도움을 주는가?

사랑받지 못한다고 느끼는 아내가 당신에게 '치명적인 타격을 주는말'을 했다면, 그 순간을 과거 자신이 '돌담'이 되었던 때의 일을 사과할 기회로 삼는 것이 좋다. 잠언 12장 16절의 말씀을 따라 앞으로는 돌담이 되지 않을 것이며 아무 때나 분노를 보이는 일은 하지 않겠다고 말하라. 그저조건 없는 사랑으로 다가가고 싶다고 말하라.

한편 아내로서는 지금 화낸 것에 대해 사과하고 남편에게 무조건적인 존경을 보이겠다고 약속할 기회다. 두 사람 모두 사랑과 존경 고리를 완벽히실천할 수 없다는 것을 알고 있지만, 노력하려는 의지를 갖게 되었다는 것자체가 진전이라는 사실 역시 알고 있다. '관계의 악순환'의 속도를 늦추고멈추기 위해 애쓰는 과정에 동행해달라고 하나님께 기도하라.

13 본책 106~108쪽에서 에머슨은 존경받지 못한다고 느꼈을 때 사라에게 제대로 반응하지 못한 시기가 있었음을 고백한다. 시간이 지나서야 아내가 자신을 더 존경하게 만드는 방법을 발견했는데, 이는 곧 그가 사라를 더 많이 사랑하는 방법이기도 했다. "사랑과 존경의 '나' 전달법"이라고 부를 수 있는 이 방법을 발전시키기 위해 어떤 표현을 사용했는지를 찾아보라. 또한 아내와 남편이 대화를 시작할 때 적절한 문장을 제시한 본책의 부록A에서 "대화하거나 토론을 시작하려면"(본책 323쪽)을 다시 읽어보라. "사랑과 존경의 '나' 전달법"을 익히기에 앞서 먼저 아래 문장의 빈 칸을 채워보라.

     남편: 그 말은 _____ 느껴져요.
        내가 지금 _____처럼 보이는 행동을 했어요?

     아내: 여보, 그 말은 _____ 느껴져요.
        내가 지금 _____처럼 보이는 행동을 했어요?

"사랑과 존경의 '나' 전달법"을 결혼생활에 적용할 수 있겠는가? 각자의 생각을 적어보라.

서로의 답을 비교한 후, 에머슨과 사라 부부가 화났을 때 따랐던 에베소서 4장 26절 말씀에 대해 이야기해보라(본책 108쪽 참고). 부부가 함께 이 성경구절을 읽으라. 이 말씀을 통해 분노를 다루는 방식에 어떤 변화를 가져올 수 있겠는가?

14 "내가 할 수 있다면, 당신도 할 수 있다"(본책 109~110쪽)에서는 고민하는 두 남편이 보낸 편지 두 통을 소개한다. 남편이 아내의 분노를 껴안는 것이 행복한 결혼생활의 중요한 요건이라고 밝힌 존 가트맨 박사의 결론에 주목하기 바란다. 더 많은 토론이 필요하다면 부록F의 5번을 참고하라.

15 본책 110쪽 중반부에서 에머슨은 아내가 잔뜩 독기가 오른 채 감정을 터뜨릴 때 다음과 같이 대꾸하라고 남편들에게 제안한다. "여보, 난 당신을 사랑하오. 당신이 그런 식으로 얘기할 때, 사랑받지 못한다고 느끼고 있다는 것을 알아요. 나는 더 사랑하는 사람이 되었으면 좋겠고, 당신은 좀 더 존경하는 것처럼 보이길 바라오."

👤 사랑이 자연스럽게 되지 않기 때문에 하나님은 남편들에게 사랑하라고 명령하신 것이다(엡 5:25~33 참고). 아내가 분노를 터뜨릴 때 위와 같이 말하는 것이 '자연스럽게' 느껴지지는 않을 것이다. 그러나 남자로서 기꺼이 그렇게 노력해보지 않겠는가?

해보겠다 ___   그럴 수 없다 ___   모르겠다 ___

👤 남편에게 분노를 터뜨렸을 때 남편이 에머슨의 제안대로 행동한다면 당신은 어떤 느낌이 들겠는가? 마음을 가라앉히는 데 도움이 될까? 이유는 무엇인가?

서로의 답을 비교해보라. 아내의 분노에 대한 에머슨의 대응법이 곧바로 효과를 낼 수 있을까? 부부싸움이나 언쟁이 한창일 때, 남편이 아내를 더 많이 사랑하고 싶다는 바람을 말하면서 아내에게도 더 많은 존경을 보여주면 좋겠다고 한다면 분위기가 어떻게 될지를 생각해보라. 분노를 완화시키기 위한 아이디어가 더 필요하다면 본책의 부록A에서 "기억해야 할 것들"을 참고하라.

16 "사랑하길 멈추지 않는 남편"(본책 110~112쪽)에 소개된 이야기를 읽으라. 절망적으로 보이는 상황에서도 남편은 아내를 포기하지 않으려 했다. 그 과정을 기록한 아내의 편지에서 가장 인상적인 부분 두세 가지를 적어보라.

서로가 쓴 것을 비교한 다음, 현재의 결혼생활에 대해 이야기하고 기도하라. 에머슨은 기도의 가치에 대해 이렇게 말했다.

"이 책을 공부하는 동안 좌절감을 느끼는 순간이 올 수도 있다. 그리스도를 믿는 모든 부부는 '수고하고 무거운 짐 진 자들아 다 내게로 오라. 내가 너희를 쉬게 하리라'(마 11:28)라는 예수님의 약속을 받았다. 베드로도 '너희 염려를 다 주께 맡기라. 이는 그가 너희를 돌보심이라'라고 말했다(벧전 5:7). 무거운 짐을 진 느낌이 들 때마다 성부 하나님께 기도하는가? 그분께 당신의 염려를 다 맡기는가? 그렇게 하기 바란다. 하나님께서 당신을 보살피시기 때문이다. 예수님, 곧 완전하신 그분도 땅 위에 사는 동안 성부 하나님께 의지하셨다. 모든 하나님의 자녀들은 예수님처럼 행할 자유를 가졌다. 하나님을 의지하여 모든 필요한 것들을 구하라."

17 본책 112쪽 세 번째 문단("결혼생활이 아무리 절망적으로 보일지라도"로 시작하는 문단)을 주의 깊게 읽어보라. 어떤 생각이 드는가? 부부 두 사람에게 사랑과 존경이 있고, 거기에 기본적으로 선한 마음이 깔려 있다면 무엇이든 다 극복할 수 있다고 생각하는가?

전적으로 동의한다 ___ 부분적으로 동의한다 ___ 잘 모르겠다 ___

기타 의견: _____

외도나 가정폭력, 중독 같은 심각한 문제를 안고 있는 부부를 알고 있는가? 이런 심각한 상황 속에서도 사랑과 존경 고리가 괜찮은 해결책이 될까?

7장의 질문들

18 수년간 상담해오면서 에머슨은 여성들에게 이런 말을 자주 들었다. "남편을 용서하라고요? 네, 예수님이 일곱 번을 일흔 번까지라도 용서하라고 말씀하셨다는 것 알아요. 저도 남편을 수없이 용서했어요! 하지만 남편은 대체 언제쯤 제게 용서를 구할까요? 제게 얼마나 큰 상처를 주고 있는지 대체 언제쯤 알게 되는 거죠?" 일리 있는 말이다. 남편이 먼저 용서를 구해야 용서해주든 말든 할 것 아닌가? 바란 적 없는 용서를 받는 것이 상황을 호전시키는 데 정말 도움이 될까? 본책 7장의 첫 부분(본책 113~118쪽)을 읽고 에머슨의 의견에 각자의 생각을 적어보라.

용서가 무슨 뜻인지 말해보라. "사랑을 베풀지 않는 그를 용서할 때, 아내는 존경하지 않는 것으로 원한을 갚으려는 자기 권리를 포기하는 셈이다"(114쪽)라는 말에 동의하는가? 본책 115쪽에 나온 편지에 주목하라. 이 아내는 어떤 통찰을 얻은 후 용서를 실천할 수 있었는가? 누군가를 용서하는 것이나 누군가에게 용서받는 것은 사람을 겸손하게 만드는 경험이다. 두 사람 모두 지금 이 순간 상대방의 필요에 민감하게 반응하라.

19 본책 118쪽 첫 번째 문단 끝에서 에머슨은 "판단하는 것은 정말 쉬운 일이다. 반면 용서보다 더 어려운 일은 없으며 그보다 더 많은 복을 받을 수 있는 것 또한 없다"라고 썼다. 남편의 외도를 지켜본 아내가 보낸 편지들(본책 116~117쪽)을 읽어보라. 그녀는 어떻게 남편을 용서할 마음을 먹었는가? 무엇이 그녀를 움직이게 했는가?

각자가 발견한 것을 써보고 서로 비교하라. 이 아내는 힘겨운 상황, 즉 남편의 '외도'라는 상황에서 남편을 용서할지 말지를 결정해야 했다. 부부가 시간을 내어 에머슨이 말한 "두 가지 수준의 용서"(부록C 참고)를 함께 읽고 논의하면 도움이 될 것이다. 에머슨은 배우자의 외도로 깊은 상처를 입은 이들에게 유용한 성경적 조언을 들려준다. 두 통의 편지를 쓴 아내가 남편을 용서할 수 있었던 것은 분명 하나님을 향한 신뢰와 믿음이 있었기 때문이었다. 그녀는 남편을 신뢰할 수 없었고, 따라서 그를 용서할 마음이 거의 혹은 전혀 없었다. 하지만 그를 용서했을 때 남편은 반응했다. 이와 관련해서 에머슨은 다음과 같은 말을 덧붙였다.

"이런 상황이 항상 해피엔딩으로 끝나는 것은 아니다. 하지만 하나님은 한 번에 한 걸음씩 하나님과 그 말씀에 순종하고 그분의 뜻에 따라 일어나는 일을 받아들이라고 명하셨다."

20 "그녀를 사랑하는 데 실패한다면, '리바운드'를 해라!"(본책 118쪽)를 읽고 다음 물음에 답해보자.

👤 당신은 리바운드를 얼마나 잘하는가? 즉, 사랑을 보이지 않아 경멸이라는 타격을 받았을 때 그 공을 얼마나 잘 되살려내는가?

👰 타당한 이유로 남편을 비판했을 때 그는 얼마나 리바운드를 잘하는가? 또한 남편이 경멸이라는 감정에 반응할 때 아내로서 리바운드를 어떻게 하는가?

👫 에머슨의 '리바운드' 비유에 관해 이야기를 나눠보라. 농구에 아는 것이 없더라도 그 원리는 적용할 수 있다. 즉, 좋은 리바운더가 되는 길은 반복에 반복을 거듭하는 것뿐이다. 둘 중 한 사람, 혹은 두 사람 모두 좋은 리바운더가 되려면 어떻게 해야 할까?

21 에머슨이 사라와 싸운 후 어떻게 리바운드를 했는지 직접적인 경험을 유머러스하게 쓴 부분(본책 119~121쪽)을 읽어보라. 이 솔직한 이야기에서 어떤 진리가 가장 눈에 띄는가?

특별히 아내가 "눈에서 존경을 찾아볼 수 없는 불빛을 뿜으면서, 혀에서는 맹독을 발사하며" 다가올 때 남편 앞에는 '자존심을 방어'하거나, 그렇지 않으면 '조건 없는 사랑으로 항복'하는 두 가지 선택지가 놓여 있음을 기억하라. 남편이 "내가 잘못했소. 사랑이 없었구려"라고 말한다면 아내로서 어떻게 반응하겠는가?

22 "결혼: 둘이 하나가 되는 일"(본책 121~124쪽)에서 에머슨은 부부가 사랑과 존경 고리를 실천할 때 "나쁜 결혼은 좋아지고, 지루한 결혼은 흥미진진해지며, 좋은 결혼은 더욱 빛이 날 것"이라고 주장한다.

겉으로 보기에 많은 부분에서 훌륭한 결혼생활을 하던 어느 남편이 쓴 편지를 읽어보자. "10점 척도에서 대부분 시간을 5~6점 정도로 살고 있었어요." 그러나 두 사람이 좀 더 우선순위를 두고 사랑과 존경 고리를 실천하자 만족도는 올라갔다.

1점에서 10점 척도에서 10을 가장 훌륭한 것으로 봤을 때 당신의 결혼생활은 현재 몇 점이라 할 수 있겠는가?

우리 결혼생활은 _____점이다.

상대방이 그 점수를 적은 이유를 잘 들어보라. 만족도를 높이기 위해 두 사람은 함께 어떤 노력을 할 수 있을까?

23 "관계의 악순환에서 힘이 되는 선순환으로"(본책 124~125쪽)에서 에머슨은 우리가 '악순환'의 속도를 늦추거나 멈추는 것은 가능하지만 거기에서 완전히 벗어날 수는 없음을 다시 강조한다. 에머슨과 사라는 이 과정을를 통제하려면 끊임없이 노력해야 한다는 걸 알고 있다. 이와 관련하여 그들이 배운 노하우 중 몇 가지를 집약하여 정리한 것이 본책 부록A에 있다. 그중에서도 "자신에게 항상 물어야 할 것들"과 "기억해야 할 것들"(본책 321쪽)을 지금 다시 읽어보기 바란다. 2부 '힘이 되는 선순환'으로 넘어가는 이 시점에서 실천해보고 싶은 항목이 보이면 기록해두어도 좋겠다.

1부를 마치기에 앞서 아래 질문에 대해 생각을 나누고 함께 기도하기 바란다.

• '관계의 악순환'의 속도를 늦추고 멈추는 일에서 당신 부부는 얼마나 진전을 이루었는가?

• 우리 부부는 '관계의 악순환'을 통제하기 위해 무엇을 했는가(할 수 있을까)?

사랑과 존경으로 가는 여정

지금 이 순간은 개인적으로 느끼고 생각하는 바를 무엇이든 다 적을 수 있는 공간이다. 마음에 있는 것들을 꺼내어 기록하고 기도할 수도 있을 것이다. 결혼생활과 관련하여 지금 가지고 있는 여타의 생각을 적어보자.

1　결혼생활에서 배우자보다 먼저 "화평을 구하며 그것을 따르"는 사람이 되라(벧전 3:11). 개인적으로 결혼생활 중에 끊임없이 화평을 구하며 따르는 사람인가? 어떤 대가를 치러서라도 화평을 구한 적이 있는가? 이 명료한 성경의 가르침을 무시하거나 타협해왔는가? 어느 아내가 보낸 편지를 살펴보자.

"제가 작년에 집안 온도조절기의 온도를 내린 적이 있었어요. … (그랬더니) 남편은 온도조절기에 맞는 플라스틱 박스와 자물쇠와 열쇠를 사오더군요. … 남편이 온도조절기 위에 잠금 박스를 설치했을 때 저는 큰 충격을 받았어요. … 저는 열쇠 없이 온도를 조절할 수 있는 방법을 찾아 온도를 20도로 바꿔놓았죠. 우리 부부는 지금까지 이 문제와 관련해 합의를 못 이루고 있어요. 남편은 존경받지 못하는 느낌이라고 말하더군요." 이 아내에게 무슨 말을 해줄 수 있을까? 이 부부는 왜 화평을 경험할 수 없을까? 화평을 구하기 위해 이들은 어떻게 변해야 할까?

2　"겸손"한(벧전 3:8) 남편이 언제나 지혜롭다. 남편이 겸손하다는 것은 무슨 뜻일까? 이런 태도로 다가오는 남편을 아내가 모질게 대할 수 있을까?

3 저자는 결혼생활을 해오면서 여러 차례 폭발하거나 사라를 제대로 사랑하지 못했을 때마다 잠언 24장 16절을 위안으로 삼아왔다. "대저 의인은 일곱 번 넘어질지라도 다시 일어나려니와 악인은 재앙으로 말미암아 엎드러지느니라." 아내와 더불어 명예로운 삶을 살려고 노력하다 실패하는 남편이라면 두 가지 사실을 알고 있다. 첫째, 남편인 나는 그리스도의 피로 인해 '의롭다.' 둘째, 내가 항상 아내에게 완벽한 사랑을 보일 수 없는 것과 마찬가지로 아내 역시 완벽한 존경을 내게 보여줄 수 없다.

지난번에 사랑과 존경을 보이는 데 실패했을 때 무엇을 하였는가? 잠언 24장 16절은 실패의 순간에 남편이나 아내에게 무엇을 하라고 말하는가?

4 '관계의 악순환'을 멈추고 다시 시작되지 않게 하려면 "믿는 자 가운데에서 역사"하시는(살전 2:13) 하나님의 말씀에 순종해야 한다. 우리는 말씀이 우리 영혼 안에서 일하시리라는 하나님의 약속을 받았다! 결혼생활에서 가장 중요한 것은 눈에 보이는 실적이 아니다. 가장 중요한 것은 우리 안에서, 우리를 통해 역사하시는 하나님이다. "너희 안에서 행하시는 이는 하나님이시니 자기의 기쁘신 뜻을 위하여 너희에게 소원을 두고 행하게 하시나니"(빌 2:13). 배우자와 살면서 매일 적어도 한 번은 멈춰 서서 기도하라. "하나님, 제 안에서 당신의 일을 해주십시오. 나를 통해 당신의 일을 하십시오. 간구합니다, 주님. 나는 당신이 필요합니다!"

2부

힘이 되는 선순환

2부는 본책의 8장부터 22장까지의 내용을 여덟 단계로 나눠 다룬다.

1부 내용을 통해 '관계의 악순환'의 속도를 늦추거나 멈추는 일에 진전이 있었기를 바란다. 다음 단계는 이 악순환이 반복되지 않도록 막고 이것이 시작되려고 할 때 멈추는 법을 배우는 것이다. '관계의 악순환'을 멈추려면 '힘이 되는 선순환'으로 들어서야 한다. 남편의 사랑이 아내의 존경을 북돋우고, 아내의 존경이 남편의 사랑을 북돋우는 것이다.

이 선순환에 들어서서 그 안에 머물도록 돕기 위해 남편과 아내에게 각기 중요한 여섯 가지 원리를 포함한 단어 두 개를 만들었다. 남편이 기억해야 할 단어는 'C–O–U–P–L–E'이다. 친밀감(Closeness)과 솔직함(Openness), 이해(Understanding), 평화(Peacemaking), 충성(Loyalty), 존중(Esteem)을 뜻한다. 아내가 유념해야 할 단어는 'C–H–A–I–R–S'다. 정복(Conquest), 계급(Hierarchy), 권위(Authority), 통찰(Insight), 유대(Relationship), 성욕(Sexuality)을 뜻한다.

부부가 함께 공부하고 있다면, 논의하기에 다소 까다로운 질문도 있을 것이다. 부부 중 한 사람 혹은 두 사람 모두를 짜증 나게 하는 질문도 나올 것이다. 남편과 아내는 상대방의 기분을 잘 살피고, 편안하고 부드럽게 이야기를 이어가길 바란다. 모든 질문을 철저히 다루고 넘어가야 하는 것은 아니다. 사랑과 존경 고리를 실천하는 커플이 되기 위한 첫 번째 규칙은 간단하다. 상대방에게 사랑과 존경을 보이는 것이다! 마음에 있는 것을 모두 상대방에게 말해야 한다는 뜻이 아니다. 물론 솔직해야 한다. 하지만 잔인할 정도로 솔직해서는 안 된다. 에베소서 4장 15절 말씀처럼 "사랑 안에서 참된" 말을 하라.

기억하기 바란다. 어떤 주제를 서로 다르게 이해한다거나 다른 의견을 갖고 있다는 것은 부부에게 심각한 문제가 아니다. 다만 의견의 불일치를 상대방에 대한 반감으로 발전시키는 것은 경계해야 한다. 두 사람이 합의를 이뤘든 그렇지 않든, 언제나 목적은 사랑과 존경이다. 남편은 아내 사랑에 주력해야 하고, 아내는 남편 존경에 힘써야 한다. 이렇게 할 때 '힘이 되는 선순환'이 힘차게 돌아가고, '관계의 악순환'은 좀처럼 다시 움직이지 못할 것이다.

다가가기

5단계를 본격적으로 시작하기에 앞서, '힘이 되는 선순환'을 다룬 본책 2부의 처음 두 장을 읽어보기 바란다. 8장 〈C-O-U-P-L-E: 아내를 어떻게 사랑할 것인가?〉를 먼저 읽고, 그다음에 9장 〈친밀감: 그녀는 당신과 가까워지고 싶어 한다〉를 읽으라. 독자 모두를 향한 질문에 먼저 답하고, 그다음 각자 상황에 따라 아내 혹은 남편을 향한 질문에 답하라. 부부가 함께 공부하고 있다면 부부를 향한 질문에 답하라. 소그룹 단위로 공부할 사람은 부록A에 제시한 몇 가지 제안을 참고하기 바란다.

이번 단계에서는 남편이 아내를 사랑할 때 도움이 되는 여섯 가지 중요한 원리를 공부한다. 'C-O-U-P-L-E'라는 단어에 그 여섯 가지가 담겨 있다. 본책 8장에는 "8~14장은 남편을 위한 것이지만, 아내도 함께 읽었으면 한다"라고 적혀 있다. 이 워크북의 5단계부터 8단계까지도 마찬가지다. 남편을 위한 내용이지만 아내도 함께 공부하기를 권한다. 아내와 함께 C-O-U-P-L-E의 여섯 단어를 공부하는 동안 남편은 아내를 사랑하는 법을 더 많이 배울 수 있을 것이다. 아내 역시 남편을 더욱 잘 도울 수 있는 법을 배우게 된다.

위대한 여행을 떠나는 남편에게

— ∽∽ —

'친밀감, 솔직함, 이해, 평화, 충성, 존중'을 뜻하는 'C-O-U-P-L-E'라는 '힘이 되는 선순환' 공부에 들어선 것을 축하한다. 이 여섯 가지는 남편이 실천할 수 있는 원리들이다. 그뿐 아니라 부부도 모르게 '관계의 악순환'으로 되돌아가려 할 때 그 상황을 알려주는 진단 도구로도 사용할 수 있다.

'관계의 악순환'에 따르면, 아내는 자신이 사랑받지 못한다고 느끼면 남편을 존경하지 않는 듯이 행동한다. 그런 태도가 정당화될 수는 없지만 이런 일이 일어났을 때 남편은 이렇게 생각해볼 수도 있다. '지금 아내가 나를 존경하지 않는 듯 반응하는 걸 보니, 아내가 사랑을 느끼지 못하게 행동했을 가능성이 크군. 나의 선택지는 둘 중 하나야. 여전히 아내가 사랑을 느끼지 못하도록 반응하거나, 아니면 아내가 보내는 암호를 해독하려고 노력하거나. 지금 나는 여섯 가지 중에 무엇을 놓친 걸까?'

아내가 일부러 당신을 경멸할 사람은 아니며 기본적으로 선한 마음을 가진 여인임을 기억한다면 보다 부드럽게 반응할 수 있다. 그동안 어떻게 해왔는지를 돌아보면 잘못된 부분을 꽤 정확하게 짚어낼 수 있다. 예를 들어, 남편이 늦은 시간까지 일에 매달려 살았다면 아내는 친밀감을 더욱 원했을 것이다. 아내와 대화하면서 어떤 점이 서운했는지 확인해보라. 짐작이 맞았다면 아내에게 그동안의 행동을 사과하고 상황을 조정해 다시 '힘이 되는 선순환'으로 돌아가라.

남편이 C-O-U-P-L-E 원리를, 아내가 C-H-A-I-R-S 원리를 학습하는 동안 어느 때보다도 서로를 더 많이 알게 되리라 믿는다. 하지만 기억하라. 이어지는 과정에서 어느 한쪽이라도 불편을 느끼는 질문이 나온다면 그 자리에서 멈추어 결론을 내려 하지 말고 나중에 논의하기 바란다. 사랑과 존경 고리를 실천함에 있어 새로운 차원으로 올라선 다음, 그 질문으로 돌아와 논의한다면 더 많은 유익을 얻을 것이다.

8장의 질문들

— ᥴᥱᢧ —

1 5단계를 시작하면서 먼저 C-O-U-P-L-E 원리에 포함된 여섯 개의 단어를 다시 정리해보았다. 각 단어 옆에 간단한 정의를 적어두었으나, 당신이 생각하는 정의도 그 아래에 함께 적어보기 바란다. 책이 제시한 정의와 얼마나 일치하는가?

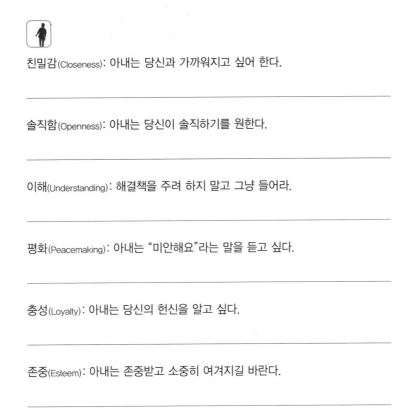

친밀감(Closeness): 아내는 당신과 가까워지고 싶어 한다.

_____

솔직함(Openness): 아내는 당신이 솔직하기를 원한다.

_____

이해(Understanding): 해결책을 주려 하지 말고 그냥 들어라.

_____

평화(Peacemaking): 아내는 "미안해요"라는 말을 듣고 싶다.

_____

충성(Loyalty): 아내는 당신의 헌신을 알고 싶다.

_____

존중(Esteem): 아내는 존중받고 소중히 여겨지길 바란다.

_____

여섯 가지 원리 중 어떤 것이 가장 흥미롭게 다가오는가? 행복한 결혼생활을 위해서는 무엇이 가장 필요하다고 생각하는가? 왜 그런가?

[남편과 아내 아이콘] 남편과 아내는 각자가 내린 정의를 세심하게 비교하고 논의해보라. 책에서 내린 정의와는 어떻게 다른가? 부부의 답은 또 어떻게 다른가? C-O-U-P-L-E 원리를 모두 공부한 후에 다시 이 질문으로 돌아오라. 당신의 생각에 일어난 변화를 확인한 다음, 왜 그렇게 되었는지 살펴보라.

2 본책 130쪽에서 에머슨은 C-O-U-P-L-E라는 머릿글자로 된 단어가 "두 사람의 연결"을 의미한다고 정의했다. 배우자와 '연결'된다는 것은 당신에게 어떤 의미로 다가오는가?

[남편과 아내 아이콘] 민감한 질문일 수 있다. 특히 남편의 입장에서, 자신과 결합하려는 아내의 노력에 대해 자신을 통제하려는 시도로 인식한다면 더욱 그렇다. 본책 130쪽으로 다시 돌아가라. 아내들이여, 당신이 부정적이고 공격적으로 남편에게 다가갈 때, 사실은 남편과 연결되기 위해 그렇게 하는 것이라는 에머슨의 말에 동의하는가? 남편들이여, 실상은 사랑을 울부짖는 아내의 메시지를 제대로 알아듣고 있는가?

3 본책 130쪽에서 "그녀는 당신과 결합하길 원하고 그런 의도로 당신에게 다가온다"라는 에머슨의 말이 나온다. 이게 왜 좋은 현상인가? 어떻게 하면 이것이 '좋지 않은 것'으로 바뀌는가?

4 "남편의 깨달음"(본책 130~131쪽)에는 정직한 직면을 통해 남편과 결합하려던 아내의 노력을 보면서 자신을 통제하려는 것으로 오해한 남편의 이야기가 나온다. 그는 마침내 자기 생각이 틀렸음을 깨닫는다. 하지만 그런 깨달음은 '사랑과 존경 세미나'에 참석한 이후에나 가능했다. 왜 많은 남자들이 통제받는 것을 두려워할까?

일반적으로 남자들은 자신이 상황을 통제하고 그에 대한 책임을 지고 싶어 한다. 특히 10단계에서는 C-H-A-I-R-S 원리 중 보호하고 공급하며 봉사하고 이끌려는 남편의 욕구를 아내가 인정해야 한다고 말한다. 그러한 자신의 역할이 위협받는다고 느낄 때 남편은 아내가 자신을 통제하려 한다고 생각하기 시작한다. ("지금 저 여자는 엄마 노릇을 하려고 하는군.") 반대로 남편이 군림하려 하거나 많은 것을 요구할 때 아내는 사랑받지 못한다고 느낄 것이다. ("남편이 나를 현관 매트 취급을 하는 것 같아.")

아내들이여, '남편을 깔아 뭉개려' 하는 게 아님을 알려주라. 단지 남편과 연결되고 싶을 뿐이라고 말하라. 남편들이여, 결혼생활에서 '통제'하는 방식에 대한 솔직한 피드백을 아내에게 받아보라. 선한 마음을 가진 남편은 사랑 많고 책임감 있는 '섬기는 리더'가 되고 싶어 한다. 아내에게 안전감을 주는 남편의 통제는 좋은 것이지만, 아내가 사랑을 느끼지 못하는 순간 나쁜 것이 된다. 키워드는 '책임감 있는 섬김의 리더'이다. 두 사람은 이 문구를 어떻게 생각하는가?

5 "계기판을 신뢰하라"(본책 132쪽)를 자세히 읽어보라. C-O-U-P-L-E 원리를 실천하면 '결혼생활의 현기증'을 예방할 수 있는 까닭은 무엇인가? 남편들이여, "계기판을 신뢰"할 마음 준비가 되었는가?

당연히 그렇다 ___ 완전히 확신할 수는 없다 ___ 모르겠다 ___

이 질문을 가지고 아내와 토론하라. C-O-U-P-L-E 원리, 곧 계기판을 신뢰할 수 있을지 의심이 된다면 솔직하게 털어놓으라. 예를 들어, 아내가 연결되기 위해 다가오는 것인지 통제하려고 다가오는 것인지 직접 물어볼 수 있겠는가? 즉, 서로를 더 잘 이해하기 위해 연결되고 싶어 하는 것인지, 아니면 당신을 통제하고 자기 마음대로 하려고 다가서는 건지 이야기를 나눠보라. 많은 아내는 동시에 어머니이기 때문에 본능적으로 누군가에게 도움이 되려는 마음이 있다. 그뿐 아니라 '돕는' 배필(창 2:18)로 부름받았다. 남편을 돕고자 하는 아내의 행동이 의도와는 다르게 통제하려는 인상을 주기도 한다. 아내의 도움이 때때로 답답하게 느껴진다 할지라도 남편은 그 선한 마음을 기꺼이 신뢰해야 하지 않을까?

6 "갈등의 대양에서 남자들은 이렇게 헤엄쳐 나온다"(본책 133쪽)에서 에머슨은 화내는 아내에게 돌담이 되지 않으려고 용기를 냈던 어느 남편 이야기를 들려준다. 그가 자신의 '계기판'을 신뢰한 후에 어떻게 행동했는지를 묘사해보라.

서로의 답을 비교하라. 남편과 아내가 각기 적절한 시점에 사용할 수 있는 문장을 소개한 본책 부록C도 함께 읽으라.

7 본책 134쪽에서 에머슨은 8장 전체를 요약하면서 이렇게 적고 있다. "갈등을 겪을 때, 아내를 향해 '미안해요. 날 용서해줄래요?'라고 얘기하는 일은 속이 뒤틀리는 경험이다. 나도 그랬기 때문에 잘 안다. 그것은 즐거운 일은 아니지만, 아주 효과적이다. 시간이 지나면 점점 쉬워질 수는 있겠지만, 절대 자연스럽지는 않다. 그러나 이런 반응은 갈등 중에 있는, 한바탕 갈등을 겪은 당신의 아내에게서 부정적인 것들이 빠져나오게 한다." 어째서 "미안하오"라고 이야기하는 것에 용기가 필요한가? 이때 무엇이 남편의 결심을 방해할까?

9장의 질문들

— ⚬⚬⚬⚬ —

8 9장은 친밀감에 대한 성경적 정의로 시작한다(본책 137쪽). 분명 '결합하기'에는 성적인 의미가 포함되어 있다. 그 밖에 이 말에는 어떤 종류의 친밀함이 들어 있는가?

친밀감이 두 사람에게 어떤 의미가 있는지를 이야기해보라. 남편이 아내를 바라보거나 만지거나 미소를 지음으로써 친밀해지고 싶은 마음을 전하는 일은 얼마나 중요한가?

9　"사랑받는다는 느낌을 주어라"(본책 138~140쪽)를 자세히 읽으라. 하루 종일 서로 떨어져 있다가 집에 돌아와 마침내 두 사람이 함께하는 순간이 아내에게는 왜 그리 중요한가?

실제로 집에 돌아온 후 처음 몇 분을 어떻게 보내는지 말해보라. 형식적으로만 반가워하거나 딴 데 정신이 팔려 있거나 하던 일에만 몰두해 있기가 얼마나 쉬운가? 커플은 재결합에 많은 시간을 써야 한다고 에머슨은 말한다(138쪽). 적어도 10분 정도는 서로 그날 있었던 일들, 곧 즐거운 일이라던가 좌절한 일, 재미있었던 사건에 대해 이야기하는 것도 좋겠다.

10　얼굴을 마주하는 경험은 얼마나 중요한가? 본책 139(마지막 단락)~140쪽을 읽으라. 남편에게 묻겠다. 아내와 얼굴을 마주하는 일을 잘하고 있는가? 아내에게 묻겠다. 얼굴을 마주하는 결합의 시간에 관해 남편에게 존경의 마음을 담아 더 많이 요구할 수 있는가? 본책의 부록C에서 "아내가 겸손하고 부드럽게 이야기하는 법"(330쪽)을 참고하라.

얼굴을 마주하려고 다가오는 아내를 모든 남편이 다 반가워하지는 않을 것이다. 특히 이런 행동에 익숙하지 않다면 더욱 그렇다. 아내는 이럴 때 더욱 세심함을 발휘해야 한다. 이에 관해 에머슨은 한 가지 중요한 사실을 추가로 지적한다.

"남편을 고무시켜 얼굴을 마주하는 친밀함을 누리고 싶은 아내라면 자신의 얼굴에 항상 신경을 써야 한다. 잡지 표지모델 같아야 한다는 말이 아니다. 중요한 것은 표정이다. 상냥하고 따뜻한 표정을 보일지 시큰둥하거나 상대를 거부하는 듯한 표정을 지을지를 정하라. 수천 쌍의 부부를 대상으로 광범위한 연구를 진행해온 존 가트맨 박사는 '남편이 말할 때 아내가 시큰둥한 표정을 짓는 부부라면 4년 안에 헤어질 가능성이 높다'라고 결론을 내린 바 있다.[1] 남편이 아내와 얼굴을 마주하기 위해 시간을 낼 때 아내는 존경 어린 관심을 보여야 한다. 동시에 남편은 이사회 같은 곳에 참석한 것이 아니라 아내와 친밀해지고 사랑을 표현하고 싶어 그 자리에 있음을 보여주어야 한다. 두 사람 모두에게 중요한 것은 언제나 겸손하고 조심스럽게 서로의 필요를 채워주어야 한다는 점이다."

11 "몰입과 독립 사이"와 "쥐여사는 것이 아닌 연합의 삶"이라는 소제목이 붙은 글 두 편(본책 140~142쪽)을 읽고 각자가 아래 줄에 자신의 현 상황을 표시하라. 당신은 배우자와의 관계에 더 몰두할 필요가 있다고 생각하는가, 아니면 더 독립적일 필요가 있다고 생각하는가?

몰입 _____ 독립

---

1)   John Gottman, *Why Marriages Succeed or Fail* (New York: Simon & Schuster, 1994), back cover.

에머슨에 따르면 "대부분 결혼 관계에서 아내는 몰입 쪽에 있지만, 남편은 독립 쪽에 더 치우쳐 있다." 몰입을 필요로 하는 아내와 독립을 필요로 하는 남편 간의 차이 때문에 결혼생활에서는 이런 긴장이 종종 생긴다. 그리고 '공간'에 관한 남편의 필요와 '친밀감'에 관한 아내의 필요 역시 서로 다르다.

아내에게 조금 더 다가가기 위해 약간의 독립성을 포기할 의사가 있는가? 그렇게 하면 무슨 일이 일어날까? 좀 더 심도있는 논의를 위해 본책 321~324쪽 부록A를 보라. 특히 "자신에게 항상 물어야 할 것들", "기억해야 할 것들"을 참고하라.

12 에머슨에 따르면 '관계의 악순환'과 '힘이 되는 선순환' 사이에는 끊임없는 싸움이 있다(본책 142~143쪽). 이 싸움에서 이기고 성공적으로 결혼생활을 이어갈 수 있도록 에머슨이 남편에게 제안하는 바는 무엇인가? 각자에게 유용하다고 생각하는 문장에 표시하라. 개인 의견이 있다면 써보라.

___ 항상 동기를 북돋워주고 사기를 꺾지 않으려고 노력한다.

___ '선글라스'와 '보청기'를 제대로 조절하려고 애쓰는 편이다.

___ 항상 긍정적이고 사랑에 기초해 행동하려고 노력한다.

___ 기타 의견: _____

기본적으로 남편이 아내를 사랑하도록 돕기 위한 질문이지만, 남편을 존경하려는 아내도 쉽게 활용할 수 있을 것이다. 이런 노력은 "관계의 악순환과 힘이 되는 선순환 사이의 끊임없는 싸움이다"라는 에머슨의 주장에 두 사람 모두 동의하는가? 그 이유는 무엇인가?

13 본책의 9장에서는 친밀함을 위한 비결을 제시하고 있다(본책 143~145쪽). 목록을 살펴보면서 각자가 잘하는 항목을 찾아보라. 그런 다음 한동안 하지 못한 것들을 찾아보라. 다음 24시간 동안 이를 어떻게 실행할 수 있을지를 계획해보라.

남편들이여, 아내가 뭘 원하는지 물어보라. 아내는 그저 남편이 놀라게 해주기를 바라고 있을지도 모른다.

사랑과 존경으로 가는 여정

단계가 끝날 때마다 잠시 시간을 내서 개인적인 감정과 질문, 새로 얻은 통찰, 그 밖에 쓰고 싶은 말을 적어두라. 지금부터 몇 달 혹은 몇 년 동안, 한 인간이자 남편 혹은 아내로서 성숙해간 기록을 확인하는 기쁨을 누릴 것이다.

1 "마음에 사랑하는 자를 만나서 그를 붙잡고 … 놓지 아니하였노라"(아 3:4). 여기서 사랑에 빠진 여자는 친밀감을 갈구한다. 남편들이여, 얼굴을 마주하는 친밀함에 대한 아내의 바람이 '매달리는' 것처럼 느껴지는가? 아내가 성관계가 포함되지 않은 육체적 친밀함과 얼굴을 마주하는 대화를 청할 때 주로 어떻게 하는가? 친밀함과 관련된 아내의 갈망을 성관계와 연결하면서 남편이 오독한다면 심각한 갈등이 발생할 수 있다.

　이런 일이 생겼다면 부부는 어떻게 대처해야 할까? 여러 부부가 효과를 봤던 방법은 함께 스케줄을 정해 함께 잠자리에 들 날을 예측하는 것이다. 그러면 남편도 일정을 이미 알고 있으니 아내에게 강요하는 일 없이 서로 얼굴을 마주하는 만남을 정기적으로 가질 수 있다. 다소 억지처럼 느껴지겠지만 분명 이를 통해 결혼생활의 기적을 맛볼 수 있을 것이다.

2 아내는 언제나 "내 남편이 지금부터 나와 연합"하기를 바란다(창 29:34). 남편들이여, 아내가 "안아줘"라고 말하는 것을 들어본 적이 있는가? 하나님은 여자를 만드실 때 친밀함과 포옹을 원하게 하신 것 같다. 여자 친구들이 서로를 반길 때 포옹을 하는가, 악수를 하는가? 단체 사진에서 여자들은 남자들처럼 어깨를 나란히 하고 있는가, 아니면 바싹 붙어 카메라를 쳐다보는가? 아내가 성욕과 무관하게 그저 안아주는 것만을 원한다면 부부 관계에 문제가 있다는 말일까, 아니면 그저 본인의 여성적인 욕구를 표현한 것일까? 그녀가 이런 욕구를 가지는 것이 잘못된 일일까? 그저 당신과 조금 다른 것 아닐까? 성관계로 이어지지 않는 이런 종류의 포옹과 친밀함과 관련된 여자들의 욕구를 지금껏 제대로 인식하지 못했다면, 이제부터 어떤 작은 변화를 실천하겠는가?

3 고린도교회에 일어난 분쟁과 관련하여 그들에게 조언하면서 바울은 "그러나 주 안에는 남자 없이 여자만 있지 않고 여자 없이 남자만 있지 아니하니라"(고전 11:11)라고 말했다. 이 말은 여자와 남자가 하나님 앞에 동등하다는 것이 신약의 기본 원칙임을 알려준다. 유진 피터슨은 《메시지》

성경에서 이 말씀을 "남자나 여자나 누구든지 혼자 힘으로 살 수 없고, 누가 먼저라고 할 수 없습니다"라고 잘 해석해놓았다. 여기에 오늘날 사랑과 존경 고리를 실천하는 커플을 위한 위대한 진리가 있다. 두 사람 사이에는 어느 한쪽이 더 독립적이고자 하는 유혹이 언제나 있다. 특히 남자 쪽이 그렇다. 남자는 부모를 떠나기 때문에(창 2:24) 보통은 독립적인 성향이 강하다. 따라서 아내와의 감정적 결합에 관한 욕구를 그다지 느끼지 못하는 전형적인 남자라면 몇 가지 중요한 질문을 던져야만 한다.

나는 아내로부터 멀리 떨어져 있을 수밖에 없는 취미생활을 즐기고 있지 않은가? 지나치게 독립적인 활동에 빠져 있으면서 '나의 권리'나 '내게 필요한 것'이라고 정당화하고 있지는 않은가? 계획이 바뀌었을 때 귀찮다는 이유로 아내에게 알리지 않는 일이 종종 있지 않은가? 아내는 집에서 아이들을 돌보는 일로 완전히 지쳐 있는 상황인데 나는 교회나 직장, 지역사회에서 전보다 더 많은 책임을 떠맡으려고 하지는 않은가? 아내도 알아야 하는 소식을 나만 알고 있지 않은가? 아내에게 큰 영향을 주는 사안임에도 그녀를 고려하지 않고 결정하는 일은 없는가?

이 질문에 대해 잘 생각해보라. 집안일에 신경 쓰지 않고 지나치게 독립적인 당신을 향해 아내가 불평할 만한 일이 있는지 생각해보라. 질문 중 하나에라도 미심쩍은 답을 내놓아야 하는 상황이라면 지금이 바로 당신의 변화를 놓고 아내와 이야기해야 할 시간이다.

마음 열기

6단계를 본격적으로 시작하기에 앞서 본책 10장 〈솔직함: 그녀는 당신이 솔직하기를 원한다〉와 11장 〈이해: 해결책을 주려 하지 말고 그냥 들어라〉를 읽으라. 독자 모두를 향한 질문에 먼저 답하고, 그다음 각자의 상황에 따라 아내 혹은 남편에게 해당하는 질문에 답하라. 부부가 함께 공부하고 있다면 부부를 향한 질문에 답하라. 소그룹 단위로 공부할 사람은 부록A에 제시한 몇 가지 제안을 참고하기 바란다.

10장의 질문들

— ⎯ ⎯

1 본책의 10장을 시작하면서(본책 147쪽) 에머슨은 상담하러 오는 부부의 행동 유형을 설명한다. 남편은 마음을 열지 않고 묻어두는 경향이 있는 반면, 아내는 상대적으로 훨씬 더 솔직하게 남편과 대화하고 연결되길 원한다. 두 사람에게도 이런 사실이 해당되는가? 남편은 조용하게 있으면서 마음을 열지 않고, 아내는 솔직하게 나누기를 좋아하는가?

완전히 우리 이야기다 ___   그런 경향이 있다 ___
우리 부부에게는 전혀 해당되지 않는다 ___

서로 답한 것을 비교하라. 두 사람 모두 어느 정도 이런 경향이 있다면 불편하지 않을 정도로 이야기를 나눠보라. 마음을 내보이는 게 불편한 남편이라면 아무 말도 하고 싶지 않을 수 있다. 반대로 아내가 이런 경향인 경우도 있다. 속마음을 함부로 표현하지 않는 것이 정상이라고 생각하는 것이다. 반면 상당히 표현을 많이 하는 남편도 있다. 그런 성향이 부부간의 대화에 어떤 영향을 미치는지 이야기해보라.

2 "그녀의 전구 하나가 부서지면, 전체가 꺼진다"(본책 148~150쪽)에 나온 자료를 자세히 읽어보기 바란다. 이 비유는 워크북 전체에서 가장 중요한 비유 중 하나다. 에머슨은 각기 3,000개의 전구가 있는 두 가지 타입의 전기 회로를 비유로 들어 '표현적-반응적'인 아내와 '구획으로 나뉜' 남편 간의 차이를 묘사한다. 첫 번째 회로에서는 단 하나의 전구만 고장 나도 모든 전구가 다 꺼지고, 두 번째 회로에서는 2,000개가 망가져도 나머지 1,000개의 전구가 여전히 작동하도록 되어 있다. 에머슨은 표현적-반응적인 아내가 왜 첫 번째 회로와 비슷하다고 설명하는가? 반면, 구획으로 나뉜 남편은 어떤 면에서 두 번째 회로와 비슷한가?

이 전기 회로 비유에 대해 각자의 생각을 말해보라. 사소한 말다툼이 어떻게 아내의 하루에 영향을 미치고 저녁에 부부가 다시 만날 때까지 괴롭히는지를 남편이 깊이 이해할 수 있었으면 좋겠다. 남편은 구획으로 나뉘어 있기 때문에 아침에 일어난 일에 관해서는 완전히 잊어버렸을지 모른다. 일찌감치 그 일을 한쪽에 밀쳐두었기 때문에 더 이상 그를 성가시게 하지 않는다. 하지만 아내는 통합된 성격을 갖고 있기 때문에 일들은 구획으로 나누어져 있지 않고 모두 결합되어 있다. 그래서 말 한마디로 상처를 입었다면 회복될 때까지 그 상처를 간직한다. 저녁 식사에 초대받았다거나 집안일을 같이 할 계획을 세운다거나 부부가 밤에 사랑을 나누는 등의 다양한 상황에서 이런 특성이 각 사람에게 어떤 영향을 끼칠지 말해보라.

3 "아내는 남편을 불가사의한 섬으로 여긴다"(본책 150~151쪽)에서 에머슨은 한 가지 전형적인 현상, 즉 교제를 하는 동안에는 솔직하고 소통을 좋아하고 매력적이었던 남자가 결혼 후에는 마음의 문을 닫아버리는 현상을 묘사한다. 왜 이런 일이 일어나는가?

민감한 질문일 수 있다. 특히 남편 입장에서 결혼 후에 많이 달라졌다는 비난을 받으면 더욱 그렇다. 결혼 후에 남편이 '마음을 닫는 것'(솔직하지 못한 것)은 아내를 제대로 사랑하는 법을 충분히 이해하지 못했기 때문일 가능성이 높다. 선한 마음을 가졌지만 그냥 무지한 것이다(따라서 무엇이 잘못되었는지 알았다면 흔쾌히 배우려고도 할 것이다). 한편 결혼 후에 아내가 남편을 비난하고 경멸하는 모습을 보이기 시작했기 때문에 남편이 그렇게 된 것일 수도 있다. '닭이 먼저냐 달걀이 먼저냐'를 생각하는 데 너무 많은 시간을 쓰지는 말라.

두 사람이 지금 당장 '관계의 악순환'이 시작되는 것을 막기 위해 무엇을 조정할 수 있을지를 이야기하라. 개선할 부분이 있을지도 모르나 결혼생활에서 80퍼센트 이상은 이미 사랑과 존경으로 이루어져 있다. 배우자는 능히 사랑 많은 남편, 혹은 존경을 표하는 아내로 살아갈 수 있음을 항상 기억하라. 감사하는 마음으로 그 기초 위에 집을 지어나가기 바란다.

4 당신은 상대방의 '최신 정보'를 업데이트하고 있는가? "아내는 최근 소식을 듣고 싶어 한다"(본책 151~152쪽)를 읽고 에머슨과 같은 고민을 한 적이 있는지 생각해보라. 아내가 자신을 캐묻고 엿보는 게 아닐까 의심이 들 때 남편이 던질 수 있는 몇 가지 질문이다. 이 질문에 답을 하다 보면, 남편이 아내에게 정보를 업데이트하지 않는 이유에 대해 많은 것을 알게 될 것이다. (아내도 이 질문에 답해야 한다.)

나의 아내는 선한 마음을 가지고 있는가? 그렇다___ 그렇지 않다___
아내가 나를 통제하려 하는가? 그렇다___ 그렇지 않다___
아내는 친해지고 가까워지려고 하는가? 그렇다___ 그렇지 않다___
아내는 내게 죄책감을 주려 하는가? 그렇다___ 그렇지 않다___

위 질문에 어떻게 답을 했는지 각자의 관점에서 서로 이야기해보라. 남편이 아내를 '캐묻고 엿보는' 사람으로 보고 있다면, 아내에게는 지금이 자신의 선한 마음을 남편에게 확인해줄 기회다. 남편이 아내를 오해하고 있었다는 것(아내의 암호를 잘못 해독하고 있었다는 것)을 깨달았다면 메시지를 오역한 것을 사과하고 앞으로는 마음을 더 잘 읽겠다고(그리고 아내에게 자신의 '최신 정보'를 업데이트해주겠다고) 다짐해보라.

5 "원한을 품지 않도록 조심하라"(본책 153~155쪽)에서 에머슨은 남편이 아내에게 마음을 닫고 솔직하지 못할 때 일어날 수 있는 심란한 문제를 소개한다. 무엇인가에 대해 이야기하기를 꺼려 하는 남편은 짜증이 나 있거나 심지어 쓴 뿌리가 있는 것처럼 보인다. 그럴 때 아내는 남편이 자신에게 화가 났다고 생각한다. 그렇게 보이지 않으려면 남편은 어떻게 조심해야 할까? 골로새서 3장 19절을 읽으라. 그리고 단순하지만 매우 효과적인 아

이디어가 담긴 아내들의 편지를 읽어보라(본책 154~155쪽). 각자의 결혼생활에 유용해보이는 내용은 따로 써두기 바란다.

평소 아내가 자신을 무시한다고 느끼는 남편이라면 사랑을 필요로 하는 아내를 마주 대하기보다는 자신의 행동을 합리화하고 싶을 것이다. 남편의 험한 모습과 짜증에 상처를 받은 아내가 있다면 그런 남편을 비난하면서 남편을 존경하지 않는 자신의 태도에 대해서는 과소평가한다. 하지만 화내거나 과거의 문제로 상처받는 것에서 벗어나 새롭게 살고 싶은 선한 마음을 가진 부부라면 각자 발견한 것을 비교하며 의논할 수 있을 것이다.

자신은 남을 괴롭힌 적이 없다고 생각하는 남편은 이 질문이 자신과는 아무 상관이 없다고 말할지도 모른다. 하지만 험한 말투와 어두운 표정만으로도 위협이 될 수 있으니 주의해야 한다. 남편이 '괴롭고 화가 난' 상태라면 아내는 어떻게 해야 할까? 사랑스러운 표정, 우호적인 몸짓, 더 상냥한 말투 중 무엇이 효과적일까? 세 가지 다 필요할까?

6 본책 10장을 마치면서 에머슨은 남편들에게 한 가지 실용적인 질문을 던진다. "이토록 섬세한 피조물과 어떻게 살아갈까?"(본책 155~157쪽) 남편이 보기에 이 글에 나온 실용적인 아이디어 가운데 직접 사용할 만한 것은 무엇인가? 아내인 당신은 어떤 아이디어가 눈에 들어오는가?

각자가 발견한 것들을 나누라. 남편은 "내 생각을 이야기했을 뿐인데 그것이 냉정하게 들리지는 않았는지" 자문해 보았는가? 아내는 자신이 남편의 말과 기분에 얼마나 민감하게 반응하고 있는지 돌아보라. 남편이 냉정한 말로 자신의 공기 호스를 밟았다면 얼마나 재치 있고 존경 어린 방식으로 남편에게 그 사실을 알리고 있는지를 생각해보라.

7 본책 155~157쪽에서는 성관계와 관련하여 남편에게 주는 몇 가지 탁월한 조언이 나온다. 아래 문장 중 어떤 것이 옳은가?

___ '성관계를 위해' 나는 마음을 열어야 한다.
___ 내가 진심으로 아내에게 마음을 열면, 아내는 성적으로도 친근하게 다가올 것이다.

다소 뻔한 결론이겠지만 대부분 남편은 이런 사실을 알면서도 실천하는 데 어려움을 겪는다. 남편은 마음을 여는 것에 대한 아내의 욕구에 민감해야 하고, 아내 역시 성에 대한 남편의 욕구에 민감해야 한다. 이에 대해서는 12단계에서 자세히 살펴볼 것이다.

8 본책 157쪽에 나온 목록을 훑어보라. 남편의 경우, 이미 실천하고 있는 것은 무엇이고, 더 노력할 것은 무엇인가? 아내의 경우, 남편이 시도하길 바라는 것은 무엇인가?

남편은 두 사람이 모두 유용하다고 동의한 아이디어 중에서 적어도 하나는 실천하려고 노력해야 한다.

11장의 질문들

—⟨∽⟩—

9   본책 11장은 바울이 남편에게 '더 연약한 그릇', 혹은 '자기보다 연약한 여성'(공동번역)인 아내를 이해해야 한다는 베드로전서 3장 7절을 다루면서 시작한다. 이 말씀을 접하는 페미니스트들은, 남자가 더 강하고 여자에 비해 우월하다는 의미냐며 발끈할 것이다. 당신은 남편으로서 이 구절을 어떻게 이해해왔는가? 여기에 각자의 생각을 적어보고, 본책 159~160쪽에 있는 에머슨의 해석과 비교해보라.

베드로전서 3장 7절에 대해 각자가 정리한 것을 나누면서 토론하라. "결혼 관계 안에서 남편보다 상처를 더 받기 쉽기 때문"에 아내가 더 약한 그릇이라는 에머슨의 설명을 어떻게 생각하는가?

10   "아내는 자기 그릇이다"(본책 160~161쪽)에서는 아내를 자기 그릇으로, 남편을 구리 그릇으로 묘사한다. 적절한 비유라고 생각하는가? 이 비유는 아내를 '이해'해야 하는 남편에게 어떤 도움을 주는가?

자기 그릇과 구리 그릇 비유에 대한 각자의 생각을 이야기하라. 아내로서 '조심스럽게 다뤄지기를' 바라는 순간은 언제인가? 남편은 이를 실천하기 위해 구체적으로 어떻게 하겠는가?

11 본책 161쪽에서는 당신이 이미 눈치챘을 한 가지 사실을 말하고 있다. C-O-U-P-L-E 원리들은 서로 연결되어 있고 심지어 중첩되기도 한다는 것이다. 가령 '친밀감'과 '솔직함'을 실천하는 남편이라면 아내를 어떻게 '이해'하는가? 개인적인 의견을 적어보라.

12 본책 162~166쪽을 읽으라. 사라가 에머슨에게 원한 것은 주로 무엇이었는가? 해결책인가, 듣는 귀인가? 문제를 '해결하려는' 남자들의 전형적인 욕망은 어떤 면에서 '파란색' 사고라고 할 수 있는가? 그리고 '그냥 이야기하고 싶어 하는' 여자들의 욕망은 어떤 면에서 '분홍색' 사고인가?

당신 부부는 어떠한가? 서로 다른 성향은 어떤 문제를 일으키는가? 두 사람은 이에 대해 무엇을 할 수 있을까?

13 "'그냥 이야기하는 것'은 이해를 위한 핵심 열쇠"(본책 165~166쪽)는 아내를 이해하고자 노력하는 남자들에게 유용한 조언을 제시한다. 남편은 이 부분을 주의 깊게 읽으면서 기억하고 싶은 키워드와 문장, 실천에 옮기고 있는 아이디어를 적어보라. 아내는 이 글에서 어떤 내용이 본인에게 중요한지 생각해보라.

14 "시간 계획이 필요한 이유"(본책 166~167쪽)에 나온 내용에 동의하는가? 이런 의견은 왜 충격적으로 다가오는가? 솔직하게 답해보라.

____ a. 전적으로 동의하며, 이미 그렇게 하고 있거나 정기적으로 그렇게 하려고 계획하고 있다.

____ b. 효과가 있을지 잘 모르겠다. 무엇에 대해 이야기해야 하는지도 모르겠다.

____ c. 노력하고는 싶지만 시간을 낼 수 있을지 모르겠다.

____ d. 계획한다고 가능한 일은 아니라고 생각한다.

____ e. 기타 의견: _____

각자의 답을 비교한 다음, 대화 시간을 계획하는 것의 효용성에 대해 논의해보라. 보기 b, c, d에 대해서는 부록F에 추가 설명(6번)을 해두었으니 참고하라.

15 본책 168쪽에 제시한 목록을 살펴보라. 남편은 이번 주에 적용 가능한 것을 하나 이상 선택하고, 아내는 이번 주에 남편이 적용했으면 하는 것을 하나 이상 선택하라.

각자 택한 것을 비교한 후 남편이 적용할 부분을 합의하라. 아내는 남편이 자기 몫을 완벽하게 수행하지 못하더라도 비판하면 안 된다. 남편을 많이 격려해주기 바란다.

사랑과 존경으로 가는 여정

— ✦ —

사랑과 존경 고리를 향한 여정을 기록하면서 이번 장을 통해 새롭게 얻은 통찰과 생각을 간단하게 적어보라.

1　잠언 31장 12절은 "그런 자는 살아 있는 동안에 그의 남편에게 선을 행하고 악을 행하지 아니하느니라"라고 쓰고 있다. 이 말씀이 아내에게 해당하는가? 아내에게 더 마음을 열어야겠다는 생각이 드는가?

2　지혜로운 남편은 "듣기는 속히 하고 말하기는 더디" 한다(약 1:19). 아내를 대할 때 해결책을 제시하는 것이 더 쉬운가, 공감하는 것(아내의 입장이 되어 어떤 느낌일지 생각하는 것)이 더 쉬운가? 해결책을 제시하는 것이 더 쉬웠다면 최근 아내와 대화하는 중에 말하기보다 들어주는 편이 더 나았을 상황을 떠올려보라. 더 공감하는 사람이 되게 해달라고 매일 하나님께 기도하면 도움이 되지 않을까?

3 베드로전서 3장 7절에서 베드로 사도는 남편들에게 "아내를 잘 이해하며 함께 살아가십시오. 아내는 … 은혜로 주시는 영원한 생명을 함께 누릴 반려자로 알고 소중하게 여기십시오"(현대인의성경)라고 말한다. 하나님은 아내를 남편인 당신과 다른 종류의 욕망과 취약함을 지닌 존재로 만드셨다. 여기에 구체적인 이름을 붙일 수 있겠는가? 자신과 다른 아내의 욕망과 취약함에 짜증낸 적은 없는가? 어떻게 하면 아내의 그런 부분에서 더 많은 이해와 존경을 가지고 그녀를 대할 수 있을까?

7
단계

손잡기

7단계를 본격적으로 시작하기에 앞서 본책 12장 〈평화: 그녀는 당신의 "미안해요"라는 말을 듣고 싶다〉를 먼저 읽으라. 독자 모두를 향한 질문에 먼저 답하고, 그다음에 아내 혹은 남편을 향한 질문에 답하라. 부부가 함께 공부하고 있다면 부부를 향한 질문에 답하라. 소그룹 단위로 공부할 사람은 부록A에 제시한 몇 가지 제안을 참고하라.

1 본책 169쪽에서 에머슨은 '연결을 위한 네 번째 측면'으로 '평화'를 소개하고 있다. 그리고 지금까지 다룬 C-O-U-P-L-E의 세 원리인 친밀감과 솔직함과 이해보다 이것이 훨씬 더 중요할 수 있다고 덧붙인다. 저자의 의견을 어떻게 생각하는가? 아래 문장 중에서 하나를 선택하거나 자신만의 의견을 써보라.

___ a. '평화'라는 말 자체가 싸움이 있음을 전제한다. 나는 항상 갈등을 피하려 노력해왔다. 우리는 그냥 별 문제없이 살았으면 한다.

___ b. 싸움을 해결하는 최선의 방법은 툭 터놓고 이야기하여 매듭을 확실히 지은 후 넘어가는 것이다.

___ c. 거만한 말로 들리지 않기를 바라지만, 배우자가 내 현명한 판단을 따르기만 한다면 우리는 이런 말싸움 없이 평화롭게 지낼 수 있을 것이다.

___ d. 우리 두 사람은 아무것도 거리낄 것 없이 모든 소식을 나누기 때문에 평화로움을 느낀다.

___ e. 기타 의견: _____

2 본책 190쪽에서 에머슨은 성경을 연구하는 동안 한 가지 모순점을 발견했다고 말한다. "결혼 안에 어떤 갈등이 존재하도록 하나님이 의도하셨다"라는 사실 말이다. 일반적인 연구에서도 아무리 훌륭한 결혼 관계라고 할지라도 약간의 갈등 요소가 포함되어 있음을 알 수 있다. 에머슨은 그 점을 지적하며 "열정을 유지할 수 있는 정도의 갈등"은 필요하다고 설명한다. 이 말을 어떻게 생각하는가? 갈등이 결혼생활에 적절한 양념이 되어준다는 말에 동의하는가? 아래 보기에서 각자 생각과 맞아떨어지는 항목을 고르거나 자기 의견을 써보라.

___ a. 갈등은 도움이 되기도 하지만 그렇지 않을 때도 있다.

___ b. 갈등이 좋은 경우는 없다. 내게 있어 갈등은 열정을 억누르기만 한다.

___ c. 작은 갈등은 좋다. 나중에 화해하는 재미가 있기 때문이다.

___ d. 기타 의견: _____

3 "두 사람이 힘을 합치면 문제를 해결할 수 있다"(본책 171~172쪽)에서 에머슨은 결혼생활의 갈등을 다루는 새로운 관점을 제시한다. 이 부분을 자세히 읽으면서 새롭게 느껴지는 문장이나 문구를 옮겨 적으라.

4　본책 171~172쪽에서 에머슨은 성관계를 둘러싼 갈등에 대해 부부가 구체적으로 어떤 관점을 가져야 한다고 말하는가?

　현실적인 말로 풀어보자면 다음과 같다. "두 사람이 특히 힘든 하루를 보내고 맞은 오늘밤, 성적 친밀감을 누릴 것인지 말지를 결정할 사람은 누구인가? 고린도전서 7장 3~5절은 부부가 서로 상대방의 몸을 주장할 수 있다고 말한다. 그 결정권자는 누구인가?" 답은 고린도전서 7장 5절, 그리고 에머슨이 본책 본문의 설명 중에 나와 있다. 본책 172쪽에서 에머슨이 "신약 성경의 위대한 원리 가운데 하나"라고 말한 부분을 요약해보라.

　이 중대한 질문에 대한 에머슨의 추가 설명과 각자의 결론을 비교해보라(부록F의 7번 참고).

5　"제 아내는 항상 '역사적'이 됩니다"(본책 172~174쪽)에서 에머슨은 평화를 이루는 또 하나의 중요한 비결을 소개한다. 남편은 이 부분을 읽으면서 아내가 어떻게 '역사적'으로 반응해왔는지를 생각해보라. 아내가 놀라운 기억력을 보이면서 당신을 어리둥절하게 한 적이 있는가? 아내들은 돌아보기 바란다. 자신에게는 이러한 경험이 얼마나 자주 있는가?

___ a. 매우 그렇다(탁월한 기억력을 가졌다.)

___ b. 조금 그렇다(간간이 과거의 일을 끄집어낸다.)

___ c. 전혀 그렇지 않다(과거 일을 끄집어낸 적이 한 번도 없다.)

___ d. 기타 의견: _____

남편은 아내의 이런 성향을 어떻게 생각하는가? 아내는 자신이 그렇게 될 수 있다는 말에 동의하는가? 부부 사이에 긴장이 생기기 시작하면 "당신의 분홍색(파란색) 보청기 좀 빌려도 될까? 당신이 말하려는 걸 이해하려면 도움이 필요해"라고 지속적으로 말해야 한다.

6 이런 상황에서 남편이 "그만두자"라고 말하는 게 별로 좋은 방법이 아닌 이유는 무엇인가? 에머슨은 아내와의 평화를 원하는 남편들에게 어떻게 말하라고 권하는가(174쪽)? 아래에 옮겨 적고 확실히 외우라.

본책 174쪽에 나온 좌절한 어느 아내의 편지를 읽어보고 진정한 쟁점, 곧 그녀에 대한 사랑과 그에 대한 존경을 위해 함께 노력하라.

7 "남자가 '미안해'라고 말하는 것은 왜 어려울까"(본책 174~175쪽)에서는 남자들의 사고방식과 관련하여 한 가지 중요한 통찰을 보여준다. "여자가 '미안해요'라고 말할 때 그녀에게는 이것이 사랑의 증거다. 그렇지만 남자가 '미안하오'라고 할 때, 그는 존경을 잃게 될까 봐 두려워한다." 에머슨의 의견에 동의하는가, 그렇지 않은가?

___a. 전적으로 동의한다.

___b. 부분적으로 동의한다.

___c. 전혀 동의하지 않는다.

___d. 기타 의견(위 보기 중 하나를 골랐다면 여기에 이유를 쓰라):

_____

8 유치한 싸움을 벌인 후 남편의 말 한 마디로 다시 완전히 사랑에 빠지게 된 아내의 이야기를 읽어보라(본책 177쪽). "미안해"라는 말은 왜 그렇게 강력한 힘을 발휘할까? 이때 어떤 역학이 작동하는 것일까?

"마음에서 우러나오는 겸손함으로 '미안해. 제발 날 용서해 줘'라고 말할 때 매력적으로 보인다. 이런 태도는 그녀의 영혼을 깊이 어루만진다"라고 한 에머슨의 말을 어떻게 생각하는가? 에머슨은 많은 남자가 이런 진실을 깨닫지 못하고 있다고 말했다. 과연 그러한가?

9 "화평으로 가는 지름길"(본책 175~177쪽)에서 제시한 기법과 원리 중 가장 유용해 보이는 것은 무엇인가? 보다 명료하게 표현된 아이디어 몇 개를 아래에 제시했다. 적절한 것을 선택하라. 혹은 이보다 더 좋은 아이디어가 있다면 적어보라.

___a. 자신에게 사랑의 능력이 있음을 절대적으로 확신한다(잠 15:1 참고).

___b. 미안하다고 말할 때, 온전한 진심을 담는다. 그렇지 않으면 다시 '관계의 악순환'에 빠질 수 있다.

___c. 아내를 비난하려는 의도 없이 자신의 잘못을 고백할 때 아내와 평화를 이룰 수 있다(약 5:16 참고).

___d. 진심으로 사과와 사랑, 용서의 말을 하면 아내는 그의 말을 믿고 신뢰하기 시작한다. 이것이 모든 것을 치유한다.

___e. 내가 선호하는 그 밖의 다른 아이디어:

_____

아내 역시 남편과 함께 위 질문에 대한 자신의 답을 적어보라. 두 사람 모두 각자의 생각을 들으며 더 많은 통찰을 얻을 수 있을 것이다.

10 "아내는 이럴 때 평화를 느낀다"(본책 177~178쪽)에서는 아내가 언제 평화를 느끼는지 구체적으로 제시한다. 각자의 결혼생활에서 평화를 이루는 데 도움이 될 만한 항목이 보이는가?

이 질문에 대한 각자의 답을 비교하면서 9번 질문을 복습해보라. 그런 다음 남편이 한 주 동안 실천하고 싶은 행동을 하나 정하라. 이렇게 할 때 늘 긍정적으로 반응하고, 서로를 격려하기 바란다. 남편이 정한 바를 잘 해내고 있다면, 본책 12장 끝에 나온 목록으로 돌아가 실천 사항을 하나 더 선택해보라.

사랑과 존경으로 가는 여정

— ⁕ —

아래 지적한 내용들을 잘 살펴보면서 사랑과 존경으로 가는 개인적인 여정을 하나씩 채워가기 바란다.

1   베드로전서 3장 1~7절에서 베드로는 아내와 남편에게 조언한 뒤에 "너희가 다 마음을 같이하여 동정하며 형제를 사랑하며 불쌍히 여기며 겸손하며"라는 말로 요약한다(벧전 3:8). 아내 혹은 남편으로서 당신은 이 중 어떤 것을 잘하는가? 배우자는 어떠한가? 두 사람은 결혼생활의 평화를 위해 힘을 보태고 있는가?

2   "할 수 있거든 너희로서는 모든 사람으로 더불어 평화하라"(롬 12:18, 개역한글). 남편인 당신이 사랑하지 못한 것을 사과하면 아내가 긍정적으로 반응해온다고 믿는가? 아내인 당신 역시 존경하지 않는 모습을 보인 것을 사과할 때 남편이 긍정적으로 반응해오리라고 믿는가? '그렇다'고 답할 수 있다면 배우자와 평화를 이루는 일은 이제 당신 손에 달려 있다. 평화는 상대방도 당신과 평화하기를 바라며 당신이 먼저 평화를 위해 애쓸 때 비로소 가능하다.

3 "하나님의 능하신 손 아래에서 겸손하라. 때가 되면 너희를 높이시리라"(벧전 5:6). 겸손한 자세로 사랑과 존경이 부족했다고 고백하며 평화를 이루려 할 때 우리는 혹시나 배우자가 화답하지 않을까 봐 두려워한다. 하지만 여기서 말하는 겸손은, 궁극적으로 배우자 앞에서의 겸손이 아니라 하나님 앞에서의 겸손이다. 이 말씀은 하나님 앞에서 겸손할 때 결국 어떤 일이 벌어진다고 이야기하는가? 어떻게 하면 이러한 용기를 가질 수 있을까?(벧전 5:7 참고)

안아주기

이 단계를 본격적으로 시작하기에 앞서 본책 13장 〈충성: 그녀는 당신의 헌신을 알고 싶다〉와 14장 〈존중: 그녀는 존중받고 소중히 여겨지길 바란다〉를 읽으라. 소그룹 단위로 공부할 사람은 부록A에 제시한 몇 가지 제안을 참고하기 바란다.

13장의 질문들

1   본책 13장의 첫 부분을 읽으라. 아내가 남편의 사랑을 재확인하고 싶어 한다는 말을 들으면 우선 어떤 느낌이 드는가?

당신의 반응과 가장 가까운 것은 무엇인가? 혹은 자신만의 생각을 적어보라.

    ___a. 아내가 나의 사랑을 재확인하고 싶어 하는 마음을 잘 이해하며, 그럴 때마다 사랑을 확인시켜주려고 노력한다.

    ___b. 내가 자기를 사랑하는 걸 알고 있는데, 왜 그걸 계속 이야기해줘야 하는지 모르겠다.

    ___c. 아내에게 사랑한다고 말할 때마다 아내는 내가 진심이 아니라고 한다. 아니면 섹스를 하고 싶어서 그런 것일 뿐이라고 생각한다.

    ___d. 기타 의견: _____

당신도 남편의 사랑을 재확인하고 싶은 마음이 자주 드는가? 다음 보기 중 당신의 생각과 가장 가까운 것은 무엇인가? 혹은 자신만의 생각을 적어보라.

    ___a. 재확인은 중요하다. 대부분 여성이 나와 비슷할 것이다.

    ___b. 남편은 "걱정 마. 새 장가 들지는 않을 테니" 하는 식으로 농담하지만 나는 그런 말이 별로 재미있게 느껴지지 않는다.

    ___c. 남편은 항상 내게 사랑한다고 말해주며, 그 말을 지겹다고 느낀 적은 거의 없다.

    ___d. 기타 의견: _____

충성(충실함)의 중요성에 관해 두 사람이 동의하지 못했을 수도 있다. 남편이 평소 아내에게 충성과 사랑을 다시 확인시켜주는 것이 얼마나 중요한지 제대로 인지하지 못한 경우도 많다. 하지만 선의를 지닌 남편이라면 이 단계를 공부하면서 기꺼이 그 방법을 알아가고자 할 것이다.

2   본책 180쪽 중간에 있는 어느 아내의 편지를 읽어보라. 그녀의 남편은 어떻게 아내에게 사랑을 다시 확인시켜주었는가? 각자에게 유용한 방법이나 원리가 있다면 여기에 적어보라.

그녀는 '정서적으로 결합해 있지 않다'라고 느꼈을 때 그것을 남편에게 어떻게 이야기하였으며, 남편은 이에 어떻게 반응했는지 살펴보라. 각자의 필요를 가지고 대화하려고 할 때 '정서적으로 결합해 있지 않다'라는 말은 적절한 문구라고 생각하는가, 아니면 부부싸움만 부추기는 말이라고 생각하는가?

3   본책 180~182쪽 "나는 당신만 사랑하는데, 당신은요?"과 "욥에게 배우라"를 읽으라. 남편이 자기에게 헌신하고 있는지를 궁금해하는 아내가 있다면 지나치게 예민하다고 해야 할까? 특히 남편이 일상생활에서 직접, 혹은 미디어를 통해 아름다운 여성을 많이 보게 되는 상황이라면 말이다. 다음 보기에서 한 가지를 선택하거나 자신의 생각을 적어보라.

    ___a. 아내도 어쩔 수 없이 남편의 마음이 궁금해지는 때가 있다.

    ___b. 서로에게 헌신하기 위해 부부는 함께 분투해야 한다.

    ___c. 아내 입장에서는 남편의 헌신을 재확인하는 일이 어느 정도 필요하다. 특히 그녀의 몸이 세월의 흐름을 보여주고 있다면 말이다.

    ___d. 남자가 대체 뭘 어떻게 해야 한다는 말인가? 남편이 잠시 딴 데를 볼 수도 있지만, 걱정할 건 하나도 없다.

    ___e. 기타 의견: _____

민감한 문제일 수 있기 때문에 배우자의 공기 호스를 밟지 않도록 유의해야 한다. 위에서 체크하거나 직접 쓴 답변을 비교해보라. 아내는 조금이라도 불안하다면 남편에게 그 사실을 알리기 바란다. 남편들이여, 어떻게 하면 아내를 향한 당신의 사랑과 헌신의 마음을 확인해줄 수 있을까? "젊은 여인을 음탕한 눈으로 바라보지 않겠다고 나 스스로 엄격하게 다짐하였다"(욥 31:1, 새번역)라는 욥의 고백이 좋은 사례가 되지 않을까?

4 아가서 8장 6절은 남편의 충성을 항상 확인해야 하는 아내의 속마음에 대해 어떻게 표현하고 있는가? 결혼반지에 대한 에머슨의 생각을 보라(본책 182쪽). 결혼반지가 왜 그렇게 중요한가? 각자의 생각을 적어보라.

결혼반지 착용에 대한 의견을 솔직하게 나누라. "반지를 일부러 벗어둔 채 집을 나서지 말아야 한다"는 에머슨의 말에 대해서는 어떻게 생각하는가? 그 이유는 무엇인가?

5 선지자 말라기는 남편들이 아내에게 거짓을 행하여 그들 사이에 이혼이 만연한 것에 대해 책망했다(말 2:14~15 참고). "당신은 충성하는 사람인가"를 읽으라(본책 182~183쪽). 여기서 핵심은 무엇인가? 부부가 '관계의 악순환'에서 벗어나는 데 있어 말라기 2장 14~15절은 어떤 도움을 주는가?

말라기 2장 16절에서 선지자는 남편들에게 "너희는 명심하여, 아내를 배신하지 말아라"(새번역)고 말한다. 이 말씀이 말라기 시대의 남자들에게만 해당하는 것일까? 하나님과 아내에게 충성하기 어렵게 하는 많은 것들에 둘러싸여 있는 오늘날의 남편들에게 어떠한 의미가 있는가?

6 치매가 악화되어 가는 아내를 돌보기 위해 대학원 학장직을 떠난 로버트슨 맥퀼킨의 이야기(본책 183~184쪽)를 읽으라. 맥퀼킨의 '희생'은 남편으로서 보여줄 수 있는 충성의 의미에 대해 무엇을 말하고 있는가? 결정의 순간에 그가 가졌던 생각을 옮겨 써보라.

로버트슨 맥퀼킨의 이야기를 읽고 서로의 생각을 나누어보라. 특히 "여자들은 대부분 남편 곁에 있지만, 자기 아내 곁에 있는 남편은 극소수입니다"라는 표현을 생각해보라. 선한 마음을 가진 남편이라면 이 말에서 죄책감을 느끼지 않고 아내에게 더욱 충실하려는 생각을 품을 것이다.

7 "이럴 때 아내는 남편의 충성을 보며 안심한다"(본책 184~185쪽)에 나온 제안들 가운데 '힘이 되는 선순환'에 머물게 하는 데 가장 큰 도움이 된다고 생각하는 것은 무엇인가? 왜 그렇게 생각했는지 간단히 이유를 적어보라.

👫 각자가 선택한 것을 비교한 다음, 남편이 이번 주에 실천할 사항을 하나 정하라. 결정된 것을 실천하도록 옆에서 격려해주라.

14장의 질문들

— ⚬⚭⚬ —

8 남편이 아내를 존경해야 한다고 말하는 성경구절은 없느냐고 묻는 이들도 적지 않다. 본책 187~189쪽에서 에머슨은 남편이 아내를 존경한다는 (귀하게 여긴다는) 것이 어떤 의미인지를 자세히 설명한다(벧전 3:7 참고). 이 글에서 발췌한 다음 아이디어들 중에 당신이 가장 유용하다고 생각하는 것은 무엇인가?

___a. 하나님은 여자를 만드실 때 존중, 귀하게 여김, 소중히 여김을 받고 싶어 하도록 지으셨다.

___b. 아내가 원하는 존중(honor)은 남편이 구하는 존경(respect)과 같은 것이 아니다.

___ c. 아내가 바라는 존중, 귀하게 여김, 소중히 여김은 그 자체로 그녀가
　　　원하는 자질이라기보다는, 당신으로부터 받고 싶어 하는 사랑을
　　　이루는 구성요소다.
___ d. 기타 의견: _____

👫 남편과 같이 공부하고 있다면 이에 대한 아내의 의견이 남편의 생각
과 얼마나 일치하는지를 확인해야 한다. "아내는 당신이 마음속에 그녀를
맨 앞에 두었는지 알고 싶어 한다. 당신이 그렇게 할 때, 아내는 마치 자기
가 온 세상에서 가장 사랑받는 여자인 것처럼 느낀다"(본책 189쪽)라는 주
장을 잘 생각해보고 이야기를 나눠보라. 이 주장에 동의하는가?

9 "아내는 아이들 때문에 자신을 종종 실패자로 여긴다"(본책 188~190쪽)
에서 에머슨은 특정 시기에 어떤 식으로 아내가 자신을 귀하게 여기도록
격려했는지를 말하고 있다. 그는 어떤 일을 했으며 그것은 얼마나 효과적
이었는가?

👫 이 이야기는 많은 사람에게 무척 실제적으로 다가올 것이다. 아무리
잘해내도 육아는 어려운 일이기 때문이다. 양육에 있어 일반적으로 엄마가
아빠보다 더 많은 지원과 격려가 필요한 이유에 대해 이 글의 마지막 문단
은 어떻게 이야기하는가?

10 1단계의 8번 질문에서는 에머슨이 아내의 생일을 잊어버리고 지나갔던 때의 일을 다루었다. 이는 '관계의 악순환'을 몇 번은 돌아가게 할 만한 사건이었다. 여자들이 생일과 기념일을 얼마나 중요하게 생각하는지를 더 많이 알고 싶다면 "아내를 사랑하고 있음을 보여주는 상징을 이용하라"(본책 190~193쪽)를 읽어보라. 이 글에서 몇 개의 문장을 가져와 아래에 옮겨 적어놓았다. 여기에 각자의 생각과 이유를 적어보라.

> a. "당신은 상대방이 원하는 수준으로 그 정서적인 필요와 존중감을 완벽하게 채울 수는 없다. 어떤 남자도 그렇게 하지 못한다. 하지만 상징은 그 간극에 다리를 놓는 데 유용하다."
>
> 동의한다 ___ 동의하지 않는다 ___
> 설명: _____
>
> b. "알다시피 여성은 배 속에 아기를 잉태한다. 생명의 소중함을 더 민감하게 느낄 수밖에 없다. 그들에게 생일이 큰일이 되는 이유다. … 여성이 생일을 잊어버리는 것이 가능할까? 그런 일은 없다."
>
> 동의한다 ___ 동의하지 않는다 ___
> 설명: _____
>
> c. "결혼 날짜는 아내의 영혼에 새겨진다. 어린 시절부터, 당신의 아내는 … 그날을 항상 꿈꿔 왔다."
>
> 동의한다 ___ 동의하지 않는다 ___
> 설명: _____

아내인 당신은 생일과 기념일에 대해 에머슨이 말한 내용에 공감하는가? 남편인 당신은 여자에게 기념일이 얼마나 중요한지 제대로 이해하고 있는가?

아내에게 벤츠 자동차와 마음을 담은 메시지가 담긴 작은 돌을 선물로 준 예를 가지고 이야기해보라(본책 192쪽). 대부분 여자들이 정성이 담긴 작은 돌을 더 소중히 여긴다고 단정한 것이 지나친 과장 혹은 일반화라고 생각하는가? 이 말의 핵심은 무엇인가? 발렌타인데이를 위해 '전력을 다한' 남편에게 어떤 아내가 보낸 편지도 꼭 읽어보라. 남편들이 이런 식으로 더 많이 노력해야 한다고 생각하는가? 그 이유는 무엇인가?

11 "아내는 당신이 마음을 읽어주길 원한다"(본책 193~195쪽)에 나온 이야기를 읽으라. "아내는 당신이 마음을 읽어주길 진심으로 원하고 있다"라는 말에 동의하는가? 애써 고른 레스토랑에 가고 싶어 하지 않는 아내를 둔 남편에게 에머슨이 제시한 해결책을 보면서 어떤 생각이 드는가? 레스토랑 이름을 몇 개 더 생각해내라고 하는 것이 남편에게 무리한 요구일까?

남편이 아내의 말에 동의하지 않으면서도 그녀의 자존심을 지켜주는 방법에 관해서도 이야기하라. 이 글의 마지막 문단, 즉 남편이 할 수 있는 세 종류의 대답(본책 195쪽)을 참고하라. 기분 좋게 반대하려면 어떻게 해야 할까?

12 "당신은 나를 행복하게 만들잖아"와 "아내는 이럴 때 존중받는다고 느낀다"(본책 195~197쪽)를 읽으라. 아내가 소중히 여김받는다고 느끼게 만드는 여러 가지 아이디어와 제안 중에서 가장 실용적으로 보이는 것은 무엇인가? 선택한 아이디어와 실천 계획을 여기에 적어보라.

아내는 남편이 시도하고자 하는 아이디어에 자신의 의견을 덧붙여보라. 나중에 남편이 한 가지를 실천에 옮겼을 때 어떤 변화가 왔는지, 그 상태가 어떻게 지속될 수 있을지에 대해서도 이야기해보라.

사랑과 존경으로 가는 여정

─ ⌇ ─

사랑과 존경 고리의 여정을 시작한 이후 지금까지 써온 일지를 전체적으로 다시 훑어보라. 그동안 이룬 진전을 보니 용기가 생기는가?

1 그리스도인도 세속 문화 속에 살고 있기 때문에 두 사람이 '검은머리가 파뿌리 될 때까지' 서로에게 충성하는 것은 비현실적이라는 말에 흔들릴 가능성이 높다. "사람의 욕구는 변해요. 사실 지금 우리는 결혼했을 때의 그 사람이 아니에요. 나는 다른 단계로 넘어가야 해요. 나는 하나님이

나의 행복을 원하신다는 걸 알아요"라는 말로 합리화하는 사람도 있었다.

성경에 이혼을 금하는 구절이 있을까? 우리는 하나님이 '이혼을 싫어 하신다'는 것을 알며, 남편들에게 "그러므로 네 심령을 삼가 지켜 어려서 맞이한 아내에게 거짓을 행하지 말지니라"(말 2:15)라고 조언하셨다는 것도 안다.

그렇다면 긍정적인 측면에서 남편은 무엇을 할 수 있을까? 잠언 5장 18~19절은 한 가지 지혜를 가르친다. "네가 젊어서 취한 아내를 즐거워하라. 그는 사랑스러운 암사슴 같고 아름다운 암노루 같으니 너는 그의 품을 항상 족하게 여기며 그의 사랑을 항상 연모하라."

이 말씀은 결혼이 오래도록 지속되어야 한다고 말할 뿐만 아니라, 어떻게 가능한지도 알려주고 있다. 충성스런 남편은 다른 여자를 쳐다보는 것을 거부함은 물론, 아내만 주시하며 부정적인 것을 보지 않도록 노력하고 그녀의 긍정적인 면과 사랑스러움에 집중하며 기뻐해야 한다.

2 여자는 결코 "나의 사랑, 내 어여쁜 자야"(아 2:10)라는 고백을 지겨워 하지 않는다. 왜 그렇다고 생각하는가? 최근에 이 말을 아내에게 해준 적이 있는가?

3 "처녀가 어찌 그의 패물을 잊겠느냐 신부가 어찌 그의 예복을 잊겠느냐"(렘 2:32). 예레미야 선지자는 여자의 본성에 관해 어떻게 이야기하는가? 남자에 관해 이렇게 이야기한 부분을 성경에서 찾을 수 있는가? 왜 하나님은 여자로 하여금 남편의 충성스런 사랑을 의미하는 물건과 관련한 것들을 속속들이 기억하도록 하셨을까? 패물(오늘날의 결혼반지)은 오직 그녀만을 위한 남편의 충성스런 사랑을 상징한다.

남편들이여, 하나님이 아내를 그렇게 만드셨다는 것을 이해하는가? 딸들도 마찬가지 방식으로 만드셨다는 것을 유념하는가? 그렇다면 당신의 충성이 흔들릴 때, 혹은 흔들리는 것처럼 보일 때, 아내가 두려움에 휩싸이는 것이 그리 놀랄 일일까? 그 순간은 아내와 함께 저녁식사를 하러 나가거나 그저 아내의 손을 잡고 아내를 얼마나 사랑하는지, 하나님께서 아내를 당신에게 주신 것이 얼마나 감사한지 이야기할 타이밍이 아닐까?

4 베드로전서 3장 7절에서 사도 베드로는 남편에게 아내를 이해하고 함께 살아가며 "생명의 은혜를 함께 이어받을 자로 알아 귀히 여기라. 이는 너희 기도가 막히지 아니하게 하려 함이라"라고 가르친다. 이후에도(벧전 3:8~12) 베드로는 계속해서 모든 믿는 자들이 살아내야 할 기독교적 삶에 대해 일반적인 주의사항을 말하면서, 시편 34편 15~16절을 인용하여 그 가르침을 요약한다. "주의 눈은 의인을 향하시고 그의 귀는 의인의 간구에 기울이시되 주의 얼굴은 악행하는 자들을 대하시느니라." 이 전체 말씀(벧전 3:7~12)은 하나님의 눈이 아내를 이해하고 살아가는 선한 마음을 가진 남편들에게 향해 있으며, 그들의 기도를 지체 없이 듣고 계심을 알려준다. 어느 남편은 에머슨에게 이렇게 편지했다. "저와 아내와의 관계가 우리

의 기도를 방해하고 있다고 하신 박사님의 지적은 제게 큰 충격이었습니다. 뭔가가 제 기도를 방해하고 있다는 것은 알았지만 그 말씀이 제게 완전히 새로운 문을 열어주었지요."

모든 남편은 자문해보기 바란다. "나는 아내를 소중히 여기고 있는가? 그녀가 하는 모든 일에서 그녀를 귀히 여기고 있는가? 혹 내가 그녀를 대하는 방식 때문에 어떤 식으로든 내 기도가 방해받고 있지는 않은가?"

존경하기

본격적으로 9단계를 시작하기에 앞서 본책 15장 〈C-H-A-I-R-S: 남편을 어떻게 존경할 것인가〉와 16장 〈정복: 일하고 성취하려는 그의 욕구를 고마워하라〉를 읽으라. 독자 모두를 향한 질문에 먼저 답하고, 그다음 각자의 상황에 따라 아내 혹은 남편을 향한 질문에 답하라. 소그룹 단위로 공부할 사람은 부록A에 제시한 몇 가지 제안을 참고하기 바란다.

9단계에서는 아내가 남편을 존경하고자 할 때 도움이 되는 여섯 가지 중요한 원리인 C-H-A-I-R-S를 공부한다. 본책 15장 제목 밑에는 "15~21장은 아내를 위한 것이지만, 남편도 함께 읽었으면 한다"라고 적혀 있다. 남편과 함께 C-H-A-I-R-S의 여섯 부분을 공부하는 동안 아내는 남편을 존경하는 법에 대해 더 많이 배울 수 있을 것이다.

미지의 바다로 떠나는 아내에게

남편에게 알려준 C-O-U-P-L-E 원리의 사용법은 C-H-A-I-R-S 원리를 공부하는 아내에게도 그대로 적용된다. '관계의 악순환'에 따르면 남편이 아내에게 사랑하지 않는 듯이 행동하는 것은 그가 존경받지 못한다고 느끼기 때문일 가능성이 상당히 높다. 앞으로 배우겠지만 여기에는 그럴 만한 이유가 있다. 예를 들어, 가족을 보호하고 좋은 것을 공급하려는 욕구(계급에 대한 욕구)를 아내가 진심으로 인정하지 않는다고 느끼면 남편은 그런 식으로 반응할 수 있다.

C-O-U-P-L-E이 남편을 위한 진단 도구였다면, C-H-A-I-R-S는 아내를 위한 것이다. 따라서 아내들은 이렇게 생각하면 좋겠다. '지금 남편이 나를 사랑하지 않는 듯이 행동하는 것은 본인이 존경받지 못한다고 느꼈기 때문일 수 있어. 이럴 때 내가 선택할 수 있는 반응은 두 가지야. 남편이 사랑을 표현하지 않으니 나도 존경하지 않거나, C-H-A-I-R-S 항목을 체크하면서 내 말과 행동에서 무엇이 잘못되었는지를 해독하거나.'

이렇게 접근하면 아내는 상처받은 감정을 다독일 수 있고, 남편에게 화풀이하겠다는 유혹에서 벗어날 수 있다. 남편이 아내에게 나쁜 일이 일어나기를 바라지 않는(순간적으로는 그렇게 보일 수 있겠지만) 선한 마음을 가진 남자라고 믿고, 그의 말과 행동을 이해해보려고 노력해보자.

해독 과정에서는 하나님이 남자의 영혼 깊은 곳에 두신 C-H-A-I-R-S라는 여섯 가지 욕구를 기억하는 것이 중요하다. 예를 들어, 남편에게는 보호하고 공급하려는 욕구와 봉사하고 이끌려는 욕구가 있다. 아내가 남편에게 무조건적인 존경을 보인다는 것은 하나님이 그에게 주신 이 욕구들을 인정하고 존경한다는 뜻이다. 설사 그가(혹은 그녀가) 바라는 만큼 충분히 그렇게 하지는 못한다 할지라도 말이다.

실제로 C-H-A-I-R-S는 남편에게 경멸을 안겨준 아내의 행동이 무엇인지를 정확히 집어내는 '해독기' 역할을 톡톡히 한다. 최근 차에서 나눴던 대화, 가령 아이들에게 숙제를 하게 하는 문제에 대해 남편과 이야기했던 순간을 떠올려보라. 남편의 말을 중간에 끊고, 이미 선생님과 이야기를 끝냈으니 더 이상 말하지 않아도 된다고 하지는 않았는가? 이는 분명 '통찰: 분석하고 조언하려는 욕구'라는 영역에서 남편의 공기 호스를 세게 밟는 행동이었다.

이제 어떻게 하면 될까? 그런 모습을 보인 것에 대해 사과하고 용서를 구하라. 지금껏 '그냥 그렇게 하는 게 더 편하기' 때문에 알아서 처리해온 일들에 대해 남편 의견을 물어보는 것도 괜찮은 방법이다. 아마 남편은 어깨를 한 번 으쓱하며 "괜찮아"라고 말할 것이다. 하지만 마음 깊은 곳에서는 존경의 표현을 듣게 되어 큰 기쁨을 느낄 것이다. 단 한 번의 사과로 말이다. 그리고 '힘이 되는 선순환'은 다시 돌아가기 시작한다.

뭐가 잘못됐는지 해독하기 어려운 때도 있다. 최선의 방책은 본책 323쪽에 나와 있는 조언에 따라 자신의 감정을 이야기하는 것이다. 남편의 어떤 행동 때문에 사랑받지 못했다고 느꼈는지 알려주고, 당신의 어떤 행동이 남편을 존경하지 않는 듯 느껴졌는지 직접 물어보자. 남편이 분명한 답을 줄 수도 있고 아닐 수도 있지만, 먼저 "당신을 존경하지 않는 것처럼 보였다면 미안해요. 내가 어떻게 하면 존경하는 것처럼 보일까요?"라고 물어볼 수 있다. 이 시점에서 남편은 무엇이 그를 괴롭히는지 힌트를 줄 수도 있다.

기억하라. 많은 남자들이 존경받지 못하는 마음의 상태를 잘 표현하지 않으며, 자신의 감정을 드러내는 데 어려움을 겪는다. C-H-A-I-R-S를 더 잘 이해하고 알아갈수록 상황을 훨씬 더 성공적으로 해독할 수 있을 것이다.

15장의 질문들

— ⁓ —

1　이 단계를 시작하면서 먼저 C-H-A-I-R-S 원리에 포함된 여섯 개의 단어를 다시 정리해보았다. 각 단어 옆에 간략한 정의를 적어두었으나, 그 아래에 각자가 생각하는 정의도 함께 적어보기 바란다. 책이 제시한 것과 얼마나 일치하는가?

정복(Conquest): 일하고 성취하려는 욕구

_____

계급(Hierarchy): 보호하고 공급하려는 욕구

_____

권위(Authority): 봉사하고 이끌려는 욕구

_____

통찰(Insight): 분석하고 조언하려는 욕구

_____

유대(Relationship): 우정으로 어깨를 맞대려는 욕구

_____

성욕(Sexuality): 성적 친밀감에 대한 욕구

_____

가장 호기심을 자극하는 단어는 무엇인가? 행복한 결혼생활을 위해서는 무엇이 가장 중요한 것 같은가? 왜 그런가? C-H-A-I-R-S를 모두 공부한 다음에 이 질문으로 되돌아와서 당신의 생각이 얼마나 달라졌는지를 확인하고, 그 이유도 서로 이야기하라.

2 본책 15장 초반부에서 에머슨은 앞서 이야기했던, "'조건 없는 존경'이라는 말은 어떤 여성에게는 모순처럼 들린다"라는 사실을 복습한다. 수천 쌍의 부부를 대상으로 한 연구와 경험에 따르면, 남편을 조건 없이 존경한다는 개념에 관해서는 아내도 어느 정도 수긍하지만, 실제로 행동에 옮기기 시작할 때는 어려움을 느낀다고 한다. 각자의 분홍색, 파란색 관점에서 '조건 없는 존경'에 대해 어떻게 생각하는지를 솔직하게 적어보라.

[이미지] 내가 생각하는 '조건 없는 존경'

[이미지] 내가 생각하는 '조건 없는 존경'

[이미지] 지금은 이 주제에 관해 이야기하고 싶지 않을 수도 있지만, 조금이라도 마음이 있다면 아내들이 쓴 편지(본책 200~201쪽)가 도움이 될 것이다. 남편을 조건 없이 존경하려는 노력을 시작했을 때 이들에게 어떤 변화가 나타났는가?

3 "남편에게 '존경 시험' 적용하기"(본책 201~203쪽)에는 아내가 남편에게 "당신을 존경해요!"라고 말하는 것을 돕는 데 필요한 도구가 소개되어 있다. 이 글을 주의 깊게 읽고 솔직한 반응을 적어보라. '존경 시험'이 당신의 결혼생활에도 효과가 있을까? 그것을 시도해볼 마음이 있는가?

두 사람이 함께 이 책을 공부하고 있다면, "내가 당신을 존경한다는 것을 당신이 알았으면 좋겠어"라는 고백으로 남편을 놀라게 하기는 힘들 것이다. 이들을 위한 아이디어가 있다. 앞으로 며칠 이내에 남편에게 '존경 카드'를 써서 주라. 남편이 그 사실을 알고 있다 해도 상관없다. 예상했든 못했든, 중요한 것은 그 내용이기 때문이다.

남편에게도 당부한다. 카드를 받을 때 빈정대지 말고 읽어야 한다. "에머슨 박사가 시켜서 쓴 거잖아." 이런 말로 장난치는 것도 안 된다. 당신이 아내에게 사랑을 표현하려고 노력했는데 "책에서 읽은 대로 하는 것뿐이잖아"라고 한다면 어떤 느낌일지 잘 생각하라. 아내가 존경의 메시지를 보내는 것은 전적으로 그녀가 그것을 원했기 때문이다.

4 이 장의 마지막 글인 "남편을 존경하는 이유를 마음속으로 준비하라"(본책 203~208쪽)를 끝까지 읽어보라. 아내가 남편에게 "당신을 존경해요"라고 말할 때에는 그 이유를 말할 준비가 되어 있어야 한다. 남편이 궁금해할 것이기 때문이다. 특히 이제 막 존경의 개념을 알게 된 아내라면 이런 질문에 뭐라고 답해야 할지 막막할 것이다. 에머슨의 조언을 잘 읽어보고 유용하게 느껴지는 내용을 옮겨 적으라.

선의를 가진 대부분 남편은 행복한 결혼생활을 원하며, "존경 시험을 시도하는 아내는 앞으로 일어나는 일을 보면서 자못 놀라게 될 것이다. 남자는 존경을 갈망한다." 본책 205~207쪽에 있는 편지들을 읽어보면 두 사람 사이에 어떤 일이 일어날지를 알 수 있다.

16장의 질문들

5   본책 209~210쪽의 16장 도입부, 특히 직업(일)을 잃은 남편에게 삼가야 할 말에 대해 쓴 부분을 읽으라. 아내가 "괜찮아요, 여보. 우리에겐 서로가 있잖아요"라고 말하는 것이 왜 그다지 효과가 없고, 심지어 해롭기까지한 걸까? 남자에게 직업은 자존감과 어떤 관계가 있을까? 남자에게 일이 매우 중요하다는 사실이 곧 아내가 중요하지 않다는 뜻일까? 각자의 생각을 적어보라.

현대 사회에서 직장 생활은 여성에게도 만만찮게 중요한 부분이다. 하지만 16장 뒷부분에 보면 많은 아내는 할 수만 있다면 노동에서 벗어나고 싶어 한다(본책 216쪽). 남자에게 일이 얼마나 중요한 의미를 주는지 나눠보라.

6   "아담도 자기 일을 즐거워했다"(본책 211~212쪽)에서 에머슨은 창세기에서 발견한 '최초의 남자와 그의 일'에 대한 통찰을 들려준다. 이 글은 남자와 그들의 일에 대하여 무엇을 말해주는가? 에머슨은 일, 곧 삶이라는 현장에서 모험하고 정복해나가는 것은 남자에게 선택이 아니라 '영혼 깊이 뿌리 내린' 특징이라고 주장한다. 이 생각에 동의하는가, 동의하지 않는가? 그 이유를 적어보라.

부득이하게 혹은 선택에 의해 많은 여성이 일을 하고 있고, 그중에는 아내가 남편보다 더 많이 벌기도 하는 현대사회에서 이 말씀은 어떻게 적용할 수 있을까?

7 "남자의 첫 번째 질문: '무슨 일 하십니까?'"(본책 212~215쪽)를 읽으라. 암에 걸린 에머슨의 두 친구가 느꼈던 진짜 위협은 무엇이었는가?

아내는 이 질문에 답한 후 남편과 함께 일과 그 중요성에 대해 이야기를 나누어보라. 아내가 자기도 모르게 남편이 하는 일이 중요하지 않다고 여길 때 남편에게는 어떤 일이 생기는가?(본책 214쪽을 참고하라)

8 "여자들은 두 마리 토끼를 다 잡을 수 있는가"(본책 215~217쪽)에는 여성에게도 집 밖에서 일하려는 욕구가 있으며 또한 매우 유능하게 일할 수도 있지만, 그것이 가정 특히 아이들에게 어떤 영향을 미칠 것인지에 대한 의문은 사라지지 않는다고 분명히 말한다. 아래 문장들에 동의하는가, 동의하지 않는가? 답을 고른 후 이유도 짧게 쓰라.

원한다면 여자도 일을 할 수 있어야 한다.
동의한다 ___   동의하지 않는다 ___
이유: _____

가능하다면 남자가 가정의 생계를 책임져야 한다.

동의한다 ___   동의하지 않는다 ___

이유: _____

원한다면 여자가 일을 그만둘 수 있어야 한다(예를 들어, 아이를 돌보기 위해서).

동의한다 ___   동의하지 않는다 ___

이유: _____

예외는 있겠지만 일반적으로 여성이 아이들을 더 잘 돌본다.

동의한다 ___   동의하지 않는다 ___

이유: _____

전형적인 아내라면 첫 번째 욕구는 직장이 아닌, 집과 가정을 향해 있다.

동의한다 ___   동의하지 않는다 ___

이유: _____

부부가 다 직장에 나가고 있다면 둘 다 일을 하는 이유와 그 상태가 언제까지 지속될 것인지, 그리고 이와 관련한 아이들의 상황에 대하여 의견을 나눠보라.

9   본책 16장의 끝에 있는 두 개의 글 "'당신의 수고에 고마워요'라고 말한 적이 있는가"와 "남편은 아내가 자신을 믿어주길 바란다"를 읽으라(본책 217~219쪽). 그런 다음 아래 문장들에 ○, X로 답을 하라.

___ 나는 남편에게 "당신의 수고에 고마워요"라고 자주 말하는 편이다.
___ 나는 남편이 너무 장시간, 많이 일한다고 생각할 때가 가끔 있다.
___ 남편은 내게 '밥줄'을 훌쩍 뛰어넘는 존재다.

___ "당신의 수고에 고마워요"라는 말을 들으면 기분이 무척 좋아질 것이다.
___ 일을 너무 장시간 하고 있다는 건 알지만 선택의 여지가 없는 상황이다.
___ 가끔은 내가 그저 '밥줄'에 불과하다고 느껴질 때가 있다.

상대방의 기분을 잘 살피되 특히 "일을 너무 장시간 하는 것"에 대해 이야기할 때는 더 많은 신경을 써야 한다. 일을 지나치게 많이 하는 남자와 관련하여 더 많은 것을 알고 싶다면 본책 333쪽의 부록D를 참고하라.

10   "남편은 이럴 때 당신의 고마운 마음을 잘 느낀다"(본책 219쪽)에서 제안하는 방법을 살펴보라. 결혼생활에 도움이 될 것 같은 항목 두세 개를 택하라. 이것을 언제쯤 실천해보겠는가?

5번 질문에서, 남편이 자신의 일과 관련된 외부 인식에 대해 어떻게 느끼는지 자세히 말하지 않았다면 여기에서 보다 분명하게 드러날 것이다.

사랑과 존경으로 가는 여정

— ᘛᘚ —

지금쯤이면 사랑과 존경 고리의 여정에 각자의 생각과 느낌을 기록하는 일이 자연스럽게 느껴질 것이다. 워크북이 끝날 때까지 각 단계의 결론을 꾸준히 따라가기 바란다.

1　지금까지 남편을 무조건적으로 존경하고 싶으나 어떻게 시작하면 좋을지 몰라 하는 많은 아내를 향해 이야기했다. 다시 강조하자면, "이 일을 얼마나 완벽하게 하는지는 중요하지 않다. 얼마만큼 의지가 있는지가 중요하다." 여기서 기억해두면 좋을 성경 말씀은 잠언 14장 1절, "지혜로운 여인은 자기 집을 세우되 미련한 여인은 자기 손으로 그것을 허느니라"이다.

잘못을 깨달은 어느 아내가 이런 편지를 보내왔다. "저는 고약한 떠버리 마누라였습니다. 부족한 존경심과 나쁜 행실로 남편을 감정적으로 학대했지요. 이제 미련한 여인이 자기 손으로 집을 허문다는 것을 알게 되었으니 저도 집을 다시 세우고 싶습니다."

하나님은 무언가를 바로 잡으라고 여전히 당신을 부르고 계실지도 모른다. 남편을 조건 없이 존경하기 위해 구체적으로 어떤 일을 시작할 수 있겠는가?

2　지지하고 인정하며 존경해주는 좋은 배우자를 찾은 남편은 "여호와께 은총을 받는 자"(잠 18:22)이다. 어떤 식으로든 남편이 당신 덕분에 은총을 받았다고 이야기하는 것을 들어본 적이 있는가? 그런 적이 없다면 두 가지 이유가 있을 수 있다. 아내인 당신이 얼마나 큰 선물인지를 남편이 잘 모르고 있어서 좀 더 성숙해야 하는 사람이기 때문일 수 있다. 하지만 그게 아니라면 아내에게 존경을 받지 못하기 때문에 감사의 마음을 느끼거나 표현

하는 데 어려움을 겪는 것일 수도 있다. 존경받고자 하는 남편의 욕구를 충족시키고자 하나님이 당신을 지금의 남편에게 보내셨다고 생각해본 적이 있는가? 이것이 당신 인생에 주신 하나님의 소명 중 일부라고 생각해본 적이 있는가? 이 소명에 답하는 것이 점점 쉬워지고 있는가? 그렇다면 왜 그렇고, 그렇지 않다면 또 왜 그런가?

믿고 맡기기

10단계를 본격적으로 시작하기에 앞서 본책 17장 〈계급: 보호하고 공급하려는 그의 욕구를 고마워하라〉와 18장 〈권위: 봉사하고 이끌려는 그의 욕구를 고마워하라〉를 읽으라. 부부가 함께 공부하고 있다면 이 본책 17장과 18장이 복잡하고 민감한 주제를 다루고 있다는 점을 명심해야 한다. 충분한 시간을 들여 모든 추가 설명과 상호 복종을 다룬 부록D을 읽고 논의하기 바란다.

17장의 질문들

1   계급의 사전적 의미는 "사회나 일정한 조직 내에서 지위, 능력 혹은 권위에 따라 체계화하거나 구분한 사람들의 집단"이다. 결혼생활에서 '계급'이라는 말을 들으면 제일 먼저 어떤 생각이 드는가? 다음에서 자신의 반응에 가장 가까운 것에 표시하거나 개인 의견을 써보라.

　　___ a. 정치적으로 올바르지 않다.

　　___ b. 남자들은 자기가 우월하다고 생각한다.

　　___ c. 하나님의 계획 자체는 좋지만 남자가 그것을 남용한다.

　　___ d. 기타 의견: _____

각자의 답을 비교해보라. 두 사람 중 '결혼생활에서의 계급'을 부정적으로 해석한 정의를 선택하거나 기타 의견으로 쓴 사람이 있는가? 본책 221쪽에 나오는 내용을 논의해보라. 에머슨은 성경이 남성 우월주의를 말한다고 주장하는 것인가? 에머슨의 요지에 관해 각자의 생각을 적어보라.

2 "'성경이 말하는 '계급'의 진짜 의미"(본책 222~224쪽)에 따르면 하나님은 결혼과 관련하여 어떤 종류의 계급을 구상하셨는가? 에베소서 5장 22~24절도 참고하라. 하나님은 남편과 아내에게 각기 무엇을 하라고 명령하셨는가?

아내를 사랑하고 보호하고 그녀를 위해 공급하려는 남편의 책임감에 대해 이야기해보라. 본책 223쪽에 나온 어느 아내의 편지를 다시 읽으라. 그녀는 자신을 안내하고 보호하려는 마음에서 나온 남편의 조언을 듣고 처음에는 어떻게 해석했는가?

3 에머슨에 따르면(본책 224쪽) 악한 의도를 가진 남자는 가족의 머리인 자신의 특권을 남용하겠지만, 선의를 가진 남자는 아내나 아이를 학대하지 않는다. 왜냐하면 "그것은 그의 본성이 아니기 때문이다. 대부분은 자신의 지위를 가족을 억누르는 데 사용하지 않는다"

에머슨의 이 말이 옳다고 생각하는가? 성경에서 말하는 남편의 '머리 됨'이라는 역할과 관련하여 당신은 어떻게 느끼는가? 다음 문장 중 무엇이 남편을 가장 잘 설명한다고 생각하는가? 원한다면 자신만의 의견을 써보라.

___a. 남편이 '머리'라는 사실에 편안함을 느낀다. 그는 이 역할을 잘해내고 있다.

___b. 그가 '머리'가 되어야 한다는 말에는 동의하지만, 내 역할이 좀 더 컸으면 좋겠다.

___c. 남편이 '머리'라는 말이 아주 편하게 느껴지지는 않는다. 남편은 자기가 성경적으로 행하고 있다고 생각하지만, 사실 가끔씩 나와 아이들을 힘들게 한다.

___d. 기타 의견: _____

하나님이 당신에게 부여하신 가족의 '머리'라는 지위를 어떻게 생각하는가? 다음 문장 중 어떤 것이 당신의 느낌을 제대로 설명하고 있는가?

___a. 불편하다. 내가 '머리'가 되게 해달라고 한 적도 없는데 말이다. 성경의 가르침대로 하려고 노력할 때마다 가족들로부터 그리 큰 지지를 받지 못했다.

___b. 편안하다. 나는 아내와 아이들에게 군림하지 않는다.

___c. '머리' 역할을 잘해보려 하겠지만, 가끔씩 도움도 얻을 수 있으면 좋겠다.

___d. 기타 의견: _____

각자가 표시하거나 직접 쓴 문장을 비교해보라. 누군가에게는 민감한 질문일 수 있다. 본격적인 논의를 시작하기 전에 하나님이 서로에게 사랑과 존경을 보이기를 원하신다는 것에 대해 마음을 같이하기 바란다. 두 사람 다 겸손하게 상대방의 피드백을 받아들일 준비를 해야 한다. 논의가 끝난 후에는(혹은 논의를 진행하는 중에) 부록F의 8번에 있는 추가 설명을 같이 읽으면서 더 많은 조언을 얻기 바란다.

다음은 선의를 가진 남편을 돕고자 아내가 말싸움을 하는 대신 잠잠함을 선택할 때 남편은 어떻게 느끼는지를 알려주는 답변들이다. 남편인 당신의 생각은 아래 보기 중 무엇과 가장 비슷한가? (아내는 남편이 어떤 보기를 택할지 말해보라.)

___ a. 아내가 잠잠하다면 그녀가 내 지위를 공개적으로 지지하고 있으며 더 이상의 논쟁은 필요 없다고 생각하는 것으로 느껴진다. 내가 원하는 바를 얻은 것이다.

___ b. 아내의 잠잠함은 금방 끝나버리고 그것은 진심이 아닐까 봐 두렵다. 자기 생각대로 일이 안 풀리면 아내는 곧바로 나를 말로 공격할 것이다.

___ c. 아내가 잠잠하다면 나는 진정한 후에 자신의 태도를 돌아보게 된다. 그래서 종종 비합리적인 내 행동에 죄책감을 느끼고 거기에 대해 보상하고 싶어진다.

___ d. 아내의 잠잠함에는 두 가지 의미가 있을 수 있다. 무엇을 두려워하거나 저항하고 분노하는 것이다. 이유가 무엇이든 아내가 말을 하지 않으면 짜증이 난다.

___ e. 아내가 잠잠하다고? 그러면 좋긴 하겠다. 하지만 나는 에머슨이 설명한 상황을 만나본 적이 없다.

___ f. 기타 의견: _____

두 사람이 모두 선한 마음을 가졌고 상대방을 사랑과 존경으로 대하기를 원한다는 사실을 기억하라. 선한 마음을 가진 아내라면 자신이 그러한 잠잠함을 어떤 계략이나 무기로 사용하지 않았음을 남편에게 확인해주고 싶을 것이다. 또한 선한 마음을 가진 남편이라면 아내가 하나님께 순종하려고 애쓸 때 그 역시 거기에 성실하게 반응하려고 노력하는 모습을 보이고 싶을 것이다.

4 "남편의 진실한 소망 인정하기"(본책 224~225쪽)를 읽으라. '이상적인 결혼관계'에서 남편은 어떻게 행동하는가? 아내가 남편을 '머리'로 삼고 그의 아래에 머무는 것을 주저하는 이유는 무엇인가? 당신 부부에게 적용될 만한 의견을 골라보라.

___a. 남편이 머리가 될 수는 있어요. 하지만 그가 정말 제 필요에 신경이나 쓸까요?

___b. 저도 남편이 머리가 되면 좋겠어요. 너무 많이는 말고요.

___c. 머리가 되려다가 독재자처럼 되면 어쩌죠?

___d. 제가 남편보다 더 잘할 수 있는데 왜 그가 꼭 머리가 되어야 하는거죠?

___e. 기타 의견: _____

각자가 표시하거나 직접 쓴 문장을 비교해보라. 당신 부부는 '남편의 머리 됨'이라는 개념을 받아들이고 있는가, 아니면 여기에 대해 걱정과 의문을 갖고 있는가? 본책 225쪽에서 에머슨은 (그리스도인 아내를 포함한) 많은 아내의 문제를 이렇게 설명한다. 그들은 "공주처럼 대접받기를 원하면서도, 남편을 왕처럼 대하는 일에는 마음 깊은 곳에서 저항한다." 이 말이 맞다고 생각하는가, 틀리다고 생각하는가? 당신 부부는 어떠한가?

5 "지나가는 몇 마디 말로 남편 영혼에 상처를 줄 수 있다"(본책 225~226쪽)에서 남편에게 상처를 주고 모멸감을 안긴 어느 아내의 발언을 찾아서 아래 빈칸을 채우라.

"당신, _____ 좀 해야겠어요."

왜 이 발언이 남편에게 그렇게 큰 상처를 주었는가? 몇 가지 이유를 적어보라.

남편이 너무 예민했던 것일까? 아내는 남편을 존경한다는 것의 의미를 조금이라도 알고 있었을까? 앞 단계들에서 우리는 사랑과 존경 고리를 실천하려는 부부가 던질 수 있는 질문을 생각해보았다. 형식은 비슷했다. "나는 그(녀)가 _____다고 느낄 만한 말이나 행동을 하려고 했나?" 남편은 이 질문의 밑줄 부분에 무엇을 넣겠는가? 아내는 또 무엇을 넣겠는가? 도움이 필요하다면 본책 321쪽 부록A "자신에게 항상 물어야 할 것들"을 참고하라.

6 "촛불 하나로 남편에게 존경을 보인 현명한 아내"(본책 226~228쪽)에 나온 감동적인 이야기를 읽으라. 힐 박사와 그의 아내 제인이 왜 촛불 속에서 식사를 하게 되었는지 이야기한 사연에서 가장 눈에 띄는 것은 무엇인가? 가장 강한 인상을 받은 부분을 적어보라.

아내들이여, 이런 일이 실제로 일어났다면 당신은 어떻게 반응했을까? 남편들이여, 만약 힐 박사와 비슷한 상황에 처했다면 '두 사람을 위해 촛불이 켜진 저녁 식사' 앞에서 어떤 마음이 들었겠는가? 결혼생활에서 돈이 차지하는 중요성에 대해 함께 이야기해보라. "기억하라. '머리 됨' 문제와 연관되면 남자들은 비난에 더 취약하다"라는 에머슨의 말에 동의하는가?

7 "그가 영원히 간직할 카드"(본책 228~230쪽)를 읽으라. 아내가 남편의 리더십을 존중해줄 때에 남자들이 큰 힘을 얻는 이유는 어디에 있을까? 자신의 생각을 써보라. 그 생각과 본책 229쪽의 편지에 쓴 남편의 고백을 비교해보라.

둘 중 한 사람, 혹은 두 사람 모두에게 어색한 질문일 수 있으니 상대방의 기분을 잘 살피기 바란다. (존경 시험이나 존경 카드 사용법에 대해서는 이미 9단계에서 다루었지만, 여기서 한번 더 복습해보는 것도 좋겠다.) 아내들이여, 남편의 리더십과 보호에 감사를 표현하는 카드나 메모를 쓸 의향이 있는가? 남편들이여, 아내에게 그런 카드를 받았다면 어떤 느낌이 들겠는가? 그 카드나 메모를 잘 보관하면서 읽고 또 읽지 않겠는가?

8 "남편은 이럴 때 고마움을 느낀다"(본책 230~231쪽)에 제시된 사례를 살펴보라. 이 중 각자의 결혼생활에 도움이 될 만한 것을 하나 이상 고르라. 선택한 것을 적되 되도록 자신의 언어로 써보고, 추가로 적용할 아이디어가 있다면 함께 기록하라.

남편도 각자가 선택한 아이디어를 공유하고 아내가 이번 주에 적용해볼 만한 실천 사항을 하나 이상 정하라. 주말이 되면 이 시도가 각자에게 어떤 의미가 있었는지 이야기해보라. 계속할 만한 가치가 있는가? 다른 아이디어를 실천에 옮겨보겠는가?

18장의 질문들

9 "하나님과 자기 사이의 문제?"(본책 234~235쪽)를 읽은 다음, 아래 문장에 동의 여부를 표시하고 그 이유도 간단히 적으라.

　　a. 남자와 여자는 전적으로 동등하며 남편이 아내보다 더 많은 책임과 권위를 갖는 일은 있을 수 없다.
　　　동의한다 ___ 동의하지 않는다 ___ 이유: _____

　　b. 가정을 이끄는 사람으로서 책임감과 사랑을 가지고 행동하는 선한 마음을 가진 남편은 항상 서로를 만족시키는 타협을 이끌어낸다.
　　　동의한다 ___ 동의하지 않는다 ___ 이유: _____

c. 아내가 남편보다 의사결정을 잘하고 판단력도 뛰어나다면 무엇을 살지, 어디를 갈지, 무엇을 할지에 있어 남편과 똑같은 발언권을 요구할 수 있다.

동의한다 ___   동의하지 않는다 ___   이유: _____

d. 남편보다 더 유능하고 선한 마음을 가진 아내는 언젠가는 남편이 그녀의 재능을 귀하게 여길 것이라는 자신감을 갖고 존경 어린 말과 공손한 태도를 통해 자신의 능력을 드러낼 필요가 있다.

동의한다 ___   동의하지 않는다 ___   이유: _____

각 문장에 어떻게 답했는지 비교하라. 민감한 주제일 수 있다. 특히 여자는 남자와 똑같은 권위와 책임을 가져야 한다고 주장하는 페미니스트적인 관점을 가지고 있다면 더욱 그렇다. 여기서 바람직한 방향은 사회와 문화가 남편과 아내에 대해 말하는 것에 휘둘리지 말고, 성경이 말씀하는 바를 제대로 이해하려고 노력하는 것이다.

많은 아내는 본책 18장 도입글에 나온 어느 젊은 아내와 생각이 같을 것이다(본책 233쪽). "저도 남편이 머리가 되길 원하고, 이끌어주길 원해요. 단지 저는 제가 원하는 것이 무엇인지를 계속 생각하면서 내린 결정이라고 다짐받고 싶을 뿐이에요."

10 "성경은 '상호 복종'을 가르치는가"(본책 235~237쪽)를 읽으라. 한 사람에게 치우치는 일 없이 아내와 남편이 서로에게 복종해야 한다는 '상호 복종'이라는 개념에 대하여 어떻게 생각하는가? 아래 문장 중에서 선택하거나, 자신만의 의견을 써보라.

___ a. 이런 식의 복종은 실행 불가능한 말처럼 들린다. 궁극적으로는 누군가가 책임자 역할을 맡아야 한다.

___ b. 상호 복종을 실천하는 사람들에게는 뭔가가 있을 것이다. 정보를 좀 얻어야겠다.

___ c. 나는 사랑과 존경 고리 접근법이 더 좋다.

___ d. 기타 의견: _____

페미니스트들은 "그리스도를 경외함으로 피차 복종하라"라는 에베소서 5장 21절에 기초해서 특정한 종류의 '상호 복종'에 찬성하는 입장을 피력해왔다. 이러한 제안을 하는 사람들은, 에베소서 5장 21절을 아내가 남편에게 '특별히' 복종할 의무는 없다는 의미로 해석한다. 하지만 에베소서 5장 22절은 분명히 말한다. "아내들이여 자기 남편에게 복종하기를 주께 하듯 하라."

사랑과 존경 고리 접근법은 에베소서 5장 22절에 그 기초를 두고 있으며, 물론 이 말씀은 남편에게 아내를 홀대할 권한을 주려는 것이 아니다. 오히려 남편은 어떤 상황에서든 아내의 사랑 욕구를 채우기 위해 움직여야 한다. 때때로 부족한 모습도 보이겠지만 그것이 변하지 않는 목표다. 본책 236쪽, 특히 갈등의 순간을 다루는 방법을 복습하라. 상호 복종과 언뜻 모순된 것처럼 보이는 에베소서 5장 21절과 22절과 관련해서 보다 상세한 설명이 필요하다면 부록D를 참고하기 바란다.

11 "온유한 영혼이 남편의 마음을 녹인다"(본책 237~239쪽)를 읽으라. 갈등에 빠졌을 때, 즉 남편과 아내가 각자 그럴 듯한 이유를 내세우며 의견을 달리 할 때 사랑과 존경 고리를 실천하는 커플은 어떤 방식으로 문제를 풀어가야 할까? 사랑과 존경 고리가 계속해서 돌아가게 하기 위해 그들이 취

할 수 있는 방법을 나열해보라. 본책 238쪽에 따르면, 남편이 '감독을 해야' 하는 어떤 문제에 대해 동의할 수 없을 때 아내는 어떻게 행동해야 하는 가? 아내는 사랑받지 못한다는 느낌을 극복하고 남편에게 어떻게 존경을 보일 수 있을까?

서로의 답을 비교하고 각자 결혼생활 중 교착상태(갈등)에 빠졌을 때 어떻게 대처하고 있는지 말해보라. 아내들이여, 잠잠하며 존경을 보이는 행동을 해야 한다는 에머슨의 조언에 동의하는가? 남편들이여, 부부가 서로 동의할 수 없더라도 어떤 결정이 필요하다면 '감독을 해야' 한다는 책임을 받아들이고 있는가? 이와 관련하여 논의할 때 추가적인 도움이 필요하다면 부록D 그리고 부록F의 9번을 참고하라.

12 다음 단락들은 본책 238~241쪽에서 인용한 것이다. 각 단락에 대한 각자의 입장을 표시하고 그 이유도 간단히 적어보라.

a. "하나님은 남편에게 책임을 맡기셨다(엡 5:25~33 참고). 이를 감당하려면 권위가 필요하다. 남편은 자신에게 권위가 있음을 당신이 인정하기를 원한다. 원활하게 돌아가는 조직은 두 개의 머리를 가질 수 없다. 두명이 동등하게 머리 행세를 하려 한다면 그 결혼관계는 실패한다. … 하나님은 누군가가 책임을 져야 함을 아셨고, 이를 위해 아내는 남편 의견에 따르도록 명령받았다."
동의한다 ___ 동의하지 않는다 ___
이유: _____

b. "만일 당신이 결혼생활 동안 상호 간에 만족스러운 결정에 이르고 남

편과 함께 일하고 싶다면, 이 원리를 따르라. 남편에게 51%의 책임감과 51%의 권위가 있음을 인정하라. … 당신이 남편의 권위를 언급하면 그는 당신이 실권을 잡고 좌지우지하려 한다고 여기지 않을 것이다. 이렇게 성경적으로 주어진 남편의 권위를 인정하면, 당신은 동네북이 되지 않을 것이다. 자신의 권리를 옹호할 때보다 오히려 더 많은 권리를 얻는다."

동의한다 ___　동의하지 않는다 ___

이유: _____

추가 논의를 위한 아이디어가 필요하다면 부록F의 10번을 참고하라. (아내가 복종함으로써 어떻게 그 결혼생활이 굳건해지는지를 알고 싶다면 부록D를 참고하라.)

13 "남편은 이럴 때 아내가 자신의 권위와 지도력에 고마워한다고 느낀다"(본책 243쪽)에 제시한 방법을 살펴보고, 각자의 결혼생활에 도움이 될 만한 것을 하나 이상 선택하라. 이를 어떻게 실천할 수 있을지 생각해보라.

각자가 선택한 답을 비교하고, 왜 그 아이디어가 중요하다고 생각했는지 나누라. 남편은 아내가 무엇을 시도해보면 좋겠는지 확실하게 말해주어야 한다.

사랑과 존경으로 가는 여정

— ❧ —

당신의 결혼생활을 직접적으로 말해주는 듯한 내용이 있다면 각자의 반응을 적어보라. 짧아도 좋으니 현재 느낌과 두려움, 질문도 적어보라.

1 "말이 많으면 죄를 짓기 쉬우니 말을 삼가는 사람이 지혜로운 자이다"(잠 10:19, 현대인의성경). 아내들 중에는 말을 하지 않으면 아무 문제도 해결할 수 없다고 생각하는 사람이 있다. 그러나 잠언 10장 19절은 너무 말이 많으면 죄를 짓기 쉽다고 가르친다. 이는 말에 선행하는 생각 때문에 더욱 그렇다. 어떤 여성은 26년간 결혼생활을 하면서 여러 가지 방법으로 남편을 경멸해왔음을 깨닫기 시작했다는 편지를 보내왔다. 결과적으로 그녀가 원했던 결혼생활이 아니었고, 따라서 그녀는 남편을 존경하지 않는 듯한 말을 할 때마다 그 사실을 알려달라고 하나님께 간구하기 시작했다. 처음에 자기 안에 있는 경멸의 마음을 인지하지 못하던 그녀는 입을 통해 나온 다음에야 알게 되었고, 그런 다음에는 마음에서 일어나는 경멸을 인식하고 멈추는 게 가능함을 깨달았다. 편지의 결론은 다음과 같았다.

"제가 하나님 말씀을 먹고 산다면 그게 제 입으로 나오겠지요. 남편이 실망시키고 상처주고 불쾌하게 한 일만을 생각하며 그 화를 먹고 산다면 그게 내 입에서 나온다는 걸 깨달았어요. … 누가복음 6장 45절은 '사람은 마음에 가득 찬 것을 입으로 말하기 마련이다'(현대인의성경)라고 말하지요. 제게는 이 말씀이 사랑과 존경 고리로 들립니다."

2　아내가 남편에게 존경을 보이고 그의 권위를 따르더라도 하나님이 그녀에게 주신 능력이 훼손되어서는 안 된다. 잠언 31장은 이를 분명히 보여준다. "(그녀는) 밭을 살펴보고 사며 자기의 손으로 번 것을 가지고 포도원을 일구며"(잠 31:16). 남편인 당신은 특정 영역을 아내에게 위임하려 한 적이 있는가? 그것은 아내가 하나님이 주신 재능을 사용하도록 자율권을 주는 일이다.

개인적으로 아내에게 그렇게 하여 놀라운 결과를 맛보았다. 아내 사라는 뛰어난 재정 관리자다. 아내의 마음과 능력을 믿기에 그녀에게 청구서와 가계의 의사결정을 맡긴다. 덕분에 자유롭게 다른 영역에 을 내 능력을 집중할 수 있으니 하나님께 감사하다. 이것은 어떻게 가능했을까? 사라가 내게 51퍼센트 권위가 있다고 이야기하는 것을 두려워하지 않았기 때문이며, 또한 재정 분야에서 권위를 위임하는 것을 내가 전혀 불안해하지 않았기 때문이다. 아내는 새로운 질문 혹은 중요한 이슈가 생길 때마다 내게 확인이나 승인을 요청하고, 나는 최종 결정을 내릴 때 조언을 구한다. 우리 부부의 경우 이런 방식이 굉장히 훌륭한 효과를 가져왔다. 나는 최종적인 책임자로서 존경받고 있다고 느끼고, 아내에게는 그때그때 당면한 일들을 처리하는 권위를 준다.

받아들이기

11단계를 본격적으로 시작하기에 앞서 본책 19장 〈통찰: 분석하고 조언하려는 그의 욕구를 고마워하라〉를 읽으라. 질문들을 따라가며 답하라. 각자의 상황에 따라 아내 혹은 남편을 향한 질문에 답하라. 부부가 함께 공부하고 있다면 부부를 향한 질문에 답하라. 소그룹 단위로 공부할 사람은 부록 A에 제시한 몇 가지 제안을 참고하기 바란다.

19장의 질문들

1　본책 19장 도입부에서, 남편의 사무실에 가보기로 한 어떤 여성의 이야기를 읽으라. 거기서 무엇을 보고 무엇을 배웠는가? 그녀가 그간 놓쳤던 것은 무엇일까?

👫　서로가 발견한 것을 비교해보라. 두 사람이 같은 것을 보았는가? 어떤 부분이 달랐는가? 이 이야기에서 당신의 결혼생활에 적용할 부분이 있는지 말해보라. 상대방의 기분을 잘 살피면서 "나는 그(녀)가 존경받지(사랑

받지) 못한다고 느낄 만한 말이나 행동을 하려고 했나?"라는 질문을 마음에 두고(본책 부록A 참고) 각자의 생각을 표현하라. 본책 246쪽에 있는 아내의 편지를 함께 읽어보라. 당신 부부는 일상생활에서 주로 어떤 식으로 말을 주고받는가? 대화인가, 독백인가?

2 "속은 것은 아담이 아니라 이브"(본책 247~248쪽)에서 에머슨은 이제 더 이상 두 가지 신념을 고수하지 않게 되었다고 고백한다. 첫째, 대다수 남자는 자기주장만 하고 한 면만 생각하며 무뚝뚝하다는 주장. 둘째, 여자의 직관은 거의 언제나 옳다는 주장. 그가 왜 생각을 바꾸게 되었는가? 아래 보기 중에서 적절한 답을 고르거나 자기 의견을 써보라.

___a. 여성을 상담하면서 그들도 한 면만 생각하는 경향이 많다는 것을 발견했다.

___b. 유용한 책들을 읽으면서 생각을 바로잡게 되었다.

___c. "아내의 직관에 귀를 기울이기 바랍니다. 하나님은 아내를 통해 당신을 가르치실 겁니다"라는 말로 남자들을 다그쳐왔는데, 그것은 사실 한쪽을 지나치게 강조하는 행동이었음을 깨달았다.

___d. 기타 의견: _____

왜 에머슨은 남녀에 대해 가지고 있던 신념을 20년이 지난 다음에 와서 바꾸었는가? 이제 그는 '여자의 직관'을 전혀 믿지 않는다고 말하는 것인가?

3　아내가 모든 문제에 대한 답을 준비할 필요는 없다는 사실에 대해 창세기 3장 1~6절은 어떤 식으로 보여주는가(248쪽)? 에머슨은 타락의 책임이 이브에게 있다고 말하려는 것일까? 아담과 이브는 타락 과정에서 각기 어떤 역할을 했는가? 로마서 5장 12~21절을 읽으라. 바울은 타락의 주된 책임이 누구에게 있다고 말하는가?

에머슨이 창세기 3장 이야기를 꺼낸 목적은 무엇인가? 디모데전서 2장 14절은 이 논의에 어떤 실마리를 던져주는가? 두 사람 중 완벽한 사람은 없다는 사실에 대해 이야기해보라. 부부는 가정 내의 결정권에 있어 동일한 몫을 갖는다. 이 영역에서 당신 부부는 어떤 상황인지 평가해보라.

___ a. 두 사람 모두 결정 과정에서 일정한 역할을 감당한다.
___ b. 가정사에 관해서는 아내가 훨씬 더 많은 발언과 행동을 한다.
___ c. 남편이 대부분의 결정을 내린다.
___ d. 기타 의견: _____

4　"아내의 직관과 남편의 통찰은 함께 있어야 한다"(본책 248~252쪽)에서 에머슨은 오늘날 몇몇 여자들이 현혹되고 있는 의견에 대해 언급했다. 가족들을 위해 영적 지도력을 발휘하지 못한다는 이유로 남편을 비판하는 일이 그것이다. 영적 문제들에 관해 남편이 자기 마음에 들지 않아 힘들어하는 두 아내가 보낸 편지를 살펴보라(본책 249~250쪽).

이런 종류의 가진 여성에게 에머슨은 이렇게 말한다. "당신의 신념들이 하나님을 기쁘게 할 수는 있겠지만, 당신의 경멸은 동시에 그분을 슬프게 할 수도 있다." 에머슨은 영적인 거인과는 한참 거리가 있어 보이는 남편과 사는 아내들에게 어떻게 이야기하는가? 그는 무엇을 하고, 무엇을 하지 말라고 제안하는가?

당신 부부에게도 '남편의 영적 지도력 부족'이라는 문제가 비슷하게 적용되는지 모르겠다. 남편들이여, 영적 지도력을 가지고 있다면 아내와 함께 기뻐하라. 그리고 아내들이여, 남편이 영적인 측면에서 보다 깊은 지도력을 갖추길 원한다면 먼저는 남편에게 이런 부분을 말하는 것이 괜찮은지 물어보기 바란다. 그가 좋다고 할 경우, 가정예배나 공동 기도, 교회생활 같은 영역에서 두 사람이 함께하면 좋겠다고 생각한 것들을 설명해주라. 남편의 영적 지도력과 관련된 토론 자료가 더 필요하다면 부록F의 11번을 참고하면 된다(아내가 남편을 도울 수 있는 여러 가지 방법에 대해서는 아래 5번 질문을 보라).

5 본책 250~251쪽에서 에머슨은 남편의 지도력이 부족하거나 의심스럽게 느껴지는 영역이 보일 때 아내가 던져야 할 몇 가지 질문을 나열하고 있다. 이 질문 중 당신의 결혼생활에 적용되는 것은 무엇인가?

본책 251~252쪽을 읽으라. 다음 표현들에 대한 의견을 말해보라.

___ a. "당신에게 조금이라도 자기 의(self-righteousness)가 있다면 스스로 물으라. ⋯ 다른 많은 여성처럼, 자신이 남편보다 더 낫고, 그는 많은 부분에서 변화되어야 한다고 생각할 수도 있다."

나의 생각: _____

__b. "어떤 여성은 자신에게 죄가 없다고 믿거나, 그렇게 믿는 것처럼 보인다. 자신의 나쁜 습관과 옳지 못한 태도를 기꺼이 고백하지만, 사랑에 실패한 남편 또는 아이들에게 보이는 부정적 반응에 대해서는 거의 인정하지 않는다."

나의 생각: _____

__c. "아내는 교정을 받아야 하는 자신의 어떤 문제에 대해 남편이 지적해올 때 그것을 쉽게 무시한다. 자신이나 다른 사람들에게 상처 입히는 것을 피하고자 남편이 온유하고 따뜻하게 말하는데도, 그녀는 예민하게 반응하고 그는 곧 침묵한다. 그녀는 남편의 평가에 쉬 감정이 상하고 상처 입고 화를 낸다. 이해심과 연민이 없다는 이유로 남편은 비난을 받는다. 그는 아내의 이런 태도에 종종 분통을 터트린다."

나의 생각: _____

아내에게는 상당히 공격적으로 느껴지는 문장들이다. 상대방의 기분을 잘 살피면서 생각을 나누기 바란다. 이 중 딱히 적용할 것이 없는 부부가 있을지도 모른다. 어느 정도라도 음미할 만한 문장이 있었다면 "나는 그(녀)가 존경받지(사랑받지) 못하다고 느낄 만한 말이나 행동을 하려고 했나?"(본책 부록A 참고)를 염두에 두고 침착하게 논의하라.

6 "남편의 성령이 되려고 하는가"(본책 252~254쪽)에서 에머슨은 많은 부부를 보면 아내가 남편을 옳지 못하다고 여기고 있음을 주목시킨다. "대부분 남편은 자신의 죄는 크지만, 아내는 의롭다고 여긴다. 아내는 자신이 아이(그리고 남편)를 교정해야 한다고 생각하기 때문에, 스스로 깨닫지 못하는 사이에 자기 의로 미끄러져 들어간다. 이런 일은 종종 무의식 속에서 일어난다. 많은 아내는 스스로 '남편의 성령이 되려는 것을 멈춰야 해요'라고 나에게 털어놓았다. 그렇지만 남편이 그렇게 말하는 것은 듣지 못했다."

어떻게 하면 아내가 (설사 타당한 이유가 있다 하더라도) 판단하는 태도로 미끄러져 들어가는 것을 막을 수 있을까? 특히 본책 252~254쪽을 읽으며 구체적인 아이디어를 찾은 뒤, 아래에 나열해보라.

7 "남편은 이럴 때 당신에게 고마움을 느낄 것이다"라는 소제목 밑에 있는 제안들을 확인하라(본책 254쪽). 각자에게 적용 가능해 보이는 항목을 하나 이상 선택해서 추후 참고 자료로 사용할 수 있도록 아래에 옮겨 써보라. (여기 나온 제안들 중 몇 개가 11장에서 말하는 바와 유사한지를 찾아보라.)

각자가 선택한 것을 비교해보라. 남편의 통찰을 구하기에 지금이 특히 적절한 시간일 수 있다. 그는 어떤 아이디어를 택했는가? 남편은 당신에게 무엇을 먼저 하기를 원하는가?

사랑과 존경으로 가는 여정

— ❧ —

아래 성경 묵상을 보면서 떠오른 생각을 빠짐없이 적어보라. 이 공부를 진행하면서 인상 깊었던 각자의 생각을 기록해도 좋다.

1   잠언 3장 7절은 우리에게 "스스로 지혜롭게 여기지 말지어다"라고 말한다. 이 경고는 주로 어떤 신념에 대하여 단호한 관점을 가진 남성들에게 적용된다. 그렇다고 여자들에게는 해당되지 않는 말씀일까? 예를 들어 커피를 마시거나 성경공부를 하기 위해 모였다가 결국 각자 결혼생활과 '전혀 이해를 못하는' 남편 이야기에 빠져드는 여성 모임을 생각해보라. 아내는 창조와 남자, 여자에 대해 하나님이 갖고 계신 생각을 항상 '이해하고' 있는 듯하다. 맞다. 분명 그들은 선명한 분홍색 관점을 갖고 있다. 하지만 남편의 선명한 파란색 관점을 아내가 정말 '이해'하고 있을까? "스스로 지혜롭게 여기지 말지어다"라는 말씀은 두 사람 모두에게 적용된다. 남편과 아내 모두가 선글라스와 보청기를 조정해 함께 지혜로워져 하나님의 조언을 구해야만 한다.

2   적어도 가족을 사랑하고 가정을 돌보는 일에 있어서는 자신이 남편보다 낫다고 여기고 있음을 진심으로 인정하는 많은 아내를 상담해왔다. 그 마음을 이해하기란 어렵지 않다. 하지만 매우 위험한 마음 상태임을 알아야 한다.

디모데전서 2장 14절에 있는 바울의 말을 들어보자. "아담이 속은 것이 아니고 여자가 속아 죄에 빠졌음이라." 바울이 남자를 궁지에서 벗어나게 하려고 쓴 말이 아니다. 남편은 도살장에 끌려가는 양처럼 아내가 이끄는 대로 따라갔다가 타락의 책임을 지는 처지에 놓였다(롬 5:12~19). 요점은, 남편과 아내가 다 죄인이며 둘 다 유혹에 직면해 있다는 것이다.

디모데전서 2장 14절에서 바울은 이브가 뱀에게 속았음을(그러니 아내인 당신도 속을 수 있음을 넌지시) 상기시킨다. 아무리 타당한 이유가 있더라도 자신이 남편보다 본질적으로 낮다고 생각하기 시작할 때 아내는 자기 의와 판단하는 자리(물론 항상 '사랑이라는 방식'으로)에 미끄러져 들어간다.

디모데전서 2장 14절은 아내를 부끄럽게 하기 위한 말씀이 아니라 그들 역시 속을 수 있는 존재임을 상기시키는 말씀이다. 아내 역시 "하나님은 나와 배우자를 각기 다른 방식으로 만드셨을 뿐인데 내가 더 낫다고 말할 수 있을까? 우리 둘 중 누구라도 예수님과 그분의 은혜를 벗어나서 구원받는 것이 가능할까?"라고 자문해야 한다. 물론 남편도 던져야 할 질문이다. 이 질문을 통해 남편과 아내는 서로 고백하고 즐겁게 결합할 수 있을 것이다.

3　아내인 당신은 남편이 더 쉽게 가정을 이끌고 통찰을 드러낼 수 있는 방법을 찾고 있는가? 베드로가 제시한 근사한 아이디어가 있다. 그는 아내의 진정한 아름다움에 대하여 "썩지 않는 온유하고 정숙한 마음으로 속사람을 단장하도록 하십시오. 그것이 하나님께서 보시기에 값진 것입니다"(벧전 3:4, 새번역)라고 말한다. 아침에 옷을 입을 때 겉으로 보기에 말쑥하고 깨끗하고 매력적인 것도 중요하지만 더 중요한 것은 속사람이다. 우리는 아침에 "주님, 오늘 아침 제가 옷을 입을 때 온화하고 고요한 영혼도 함께 입혀 주십시오"와 같은 기도를 드려야 한다.

몸으로 반응하기

12단계를 본격적으로 시작하기에 앞서 본책 20장 〈유대: 우정으로 어깨를 맞대려는 그의 욕구를 고마워하라〉와 21장 〈성욕: 성적 친밀감을 향한 그의 욕구를 고마워하라〉, 22장 〈힘이 되는 선순환은 당신이 행동하면 작동한다〉를 읽으라. 각자의 상황에 따라 아내 혹은 남편을 향한 질문에 답하라. 부부가 함께 공부하고 있다면 부부를 향한 질문에 답하라. 소그룹 단위로 공부할 사람은 부록A에 제시한 몇 가지 제안을 참고하기 바란다.

20장의 질문들

— ᷇ᣟᣟᣟ᷇ —

1 본책 255~256쪽을 읽으라. 당신의 결혼생활에는 20장의 도입글에서 묘사한 것과 비슷한 부분이 있는가? 남편 역시 말은 거의 하지 않더라도 당신이 '함께 있기를' 바라는가? 당신 부부의 상황에 가장 가까운 답을 표시해보라.

자주 그렇다 ___   아주 가끔 그렇다 ___   그런 일은 없다 ___

기타 의견: _____

두 사람이 이야기는 거의 나누지 않으면서 어깨만 맞대는 활동을 얼마나 하는지 이야기해보라. 에머슨은 수년간 많은 커플에게서 이러한 현상을 관찰했다(물론 모든 커플이 다 그런 것은 아니다).

아내들이여, 남편이 이따금씩 '그냥 함께 앉아 있기'를 요구할 때 어떻게 하는가? 남편이 좋아하는 TV 프로그램을 보거나 책이나 신문을 읽을 때, 혹은 일이나 취미활동을 할 때 아내인 당신이 말없이 그저 옆에 있어주기를 바란다면 어떤 기분이 들까?

남편들이여, 이야기를 하지 않으면서 아내와 어깨를 맞댄 활동을 해본 경험이 없다면 한번 시도해볼 의향이 있는가? 그렇게 할 때 아내는 어떻게 말하겠는가?

2 "어떻게 아무것도 하지 않고도 관계를 형성할 수 있는가"(본책 256~258쪽)를 읽으라. 그저 남편과 앉아 TV를 보거나 남편이 작업장에서 일하는 모습을 지켜보기만 하는 일이 아내에게 쉽지 않은 이유는 무엇인가? 많은 남편이 갖고 있는 이 필요를 통해 '분홍색'(아내)과 '파란색'(남편)의 주요 차이점을 어떻게 구분할 수 있겠는가?

해야 할 자질구레한 일이 많은 아내에게 '아무것도 하지 않고' 앉아만 있는 것은 쉽지 않은 일이다. 하지만 그로써 부부가 더 친밀감을 느끼게 된다면 충분히 가치 있는 시간이 아닐까?

3 "남자에게는 친구가 필요하다"(본책 258~259쪽)에서 에머슨은 아내 사라가 남편인 자신뿐 아니라 다른 식구들에게까지 그리 친구답지 않았던 시절에 대해 이야기한다. 자신의 정리정돈 기준에 못 미치면 사라는 항상 모든 사람에게 줍고 씻고 깔끔히 하게 했다. 그런 사라의 마음을 바꾼 것은 무엇이었는가?

4 "내 곁에 그냥 앉아 있기만 해줘"를 읽으라(본책 259~261쪽). 아래는 여기에서 가져온 문장들이다. 이야기는 거의 나누지 않으면서 '어깨만 맞대고' 있으려 하는 남자들이 지닌 필요와 관련하여 당신에게 특별한 통찰을 주는 문장은 어떤 것인가?

___ a. "남편이 아내에게 '내 곁에 있기만 해줘'라고 요구할 때, 그는 두 사람의 관계를 위한 매우 의미 있는 제안을 하는 것이다. 남편은 대개 그런 식으로 대화한다."

___ b. "남자는 얼굴을 맞댄 대화보다는 어깨를 맞댄 대화를 선호한다."

___ c. "때때로 남편이 당신(아내)과 얼굴을 마주하려고 노력해야 하는 것처럼, 당신 또한 남편과 함께 어깨를 맞대는 노력이 필요하다. 남편이 함께 있자고 요청할 때 당신이 아무 이야기를 하지 않고도 그의 옆에만 있어 준다면, 당신은 그에게서 에너지가 솟아나는 모습을 볼 것이다."

기타 의견: _____

위 a, b, c 중 하나를 선택하면서 따로 메모한 것이 있다면 서로 비교해보라. 모든 남편이 다 그런 것은 아니지만 많은 이들이 그러한 필요를 호소한다. 어깨를 맞대려는 남편의 필요는, 여러 이야기를 나누고 싶어 하는 아내의 바람과 어떻게 균형을 이룰 수 있을까?

5 "함께 시간을 보내고 함께 머물라"(본책 261~262쪽)에서 저자가 경험한 내용을 읽어보라. 피오리아에서 만났던 한 부부의 사례에서는 무엇을 배울 수 있는가?

그리고 글의 마지막 두 단락을 자세히 읽고 토론하기 바란다. 에머슨의 '12주 실험'은 시도해볼 만한 가치가 있어 보이는가? 부자연스럽게 느껴지는 행동을 하라는 건 아내에게 무리한 요구일까? 그만한 가치가 있어 보이는가?

6 "남편은 이럴 때 자기 우정이 이해 받는다고 느낀다"(본책 262쪽)에 나온 제안들을 검토해보라. 어떤 것이 결혼생활에 도움이 될 것 같은가? 아래에 옮겨 쓰되, 어떻게 해야 가장 잘 실천할 수 있을지도 함께 쓰라.

각자가 선택한 것을 비교하고 무엇을 먼저 실천할 것인지 정하라. 일주일 정도가 지난 다음 진척 상황을 기록한 후 비교하라. 필요에 따라 적절하게 조정할 수도 있을 것이다.

21장의 질문들

— ✤ —

7　도입부에 나오는 의사 부부 이야기와 "그들은 침대에서 악마를 발로 차서 내쫓았다"(본책 264~265쪽)를 읽으라. 의사의 아내는 어떻게 갈등에서 벗어나 두 사람 모두에게 유리한 상황을 만들어냈는가?

　이 글에 나온 아래 문장들 중 당신 부부를 잘 설명해주는 것이 있는가?

　　___ a. "나의 정서적 필요를 만족하게 하기 전에는 남편에게 성적으로 반
　　　　응하지 않겠다."
　　___ b. "성관계와 애정은 쌍방향 길이다."
　　___ c. "성관계는 남편의 깊은 필요(즉, 존경)에 대한 상징이다."

이 문장을 완성해보라. 우리 부부에게 성관계란 ＿＿＿＿＿＿＿이다.

　이 7번 질문을 놓고 이야기하다 보면 부부 사이가 어색해질 여지가 많다. 이는 현재의 성생활이 얼마나 만족스러운가에 따라 결정될 것이다. 이상적으로 남편과 아내는 서로의 필요, 곧 성관계에 대한 남편의 필요와 많은 대화를 통해 친밀감을 느끼길 원하는 아내의 필요를 함께 충족하여 두 사람 모두가 만족해야 한다. 하지만 실제로는 불균형이 발생해 마찰과 싸움 혹은 무미건조한 관계로 이어지는 경우가 많다.

　남편은 성관계에 충분히 만족하지 못하고 있고, 아내는 대화를 통한 애정과 친밀감이 부족하다고 느낀다 해도 서로를 비난해서는 안 된다. 자신이 무엇을 할 수 있을지를 말하되, 항상 서로에게 먼저 사랑과 존경을 보이려 애써야 한다. (추가 아이디어와 제안이 필요하다면 부록E를 참고하라.)

8 "남편을 이해하기 위한 두 가지 열쇠"(본책 265~267쪽)를 읽으라. 에머슨은 남편의 성적인 욕구에 관한 두 가지 측면을 말한다. 이 두 가지를 한 문장, 혹은 최대 두 문장으로 써보라.

본책 266~267쪽에 보면 딸에게 성관계에 대해 조언하는 엄마의 이야기가 나와 있다. "그렇게 짧은 시간으로 남편을 '아주' 행복하게 하는 방법이 있는데 왜 그걸 거부했니?"라는 이 엄마의 말에 동의하는가, 동의하지 않는가? (왜 그런지도 설명하라.)

동의한다 ＿＿ 동의하지 않는다 ＿＿

아내를 향한 남자의 성적인 욕구를 최대한 간단하게 요약하자면, '그는 그녀를 보고, 그는 그녀를 원한다'로 줄일 수 있다. 그녀가 그를 원하기만 하면, 그녀는 그를 '아주' 행복하게 해줄 수 있다. 그러나 이 문제가 항상 이렇게 간단하지만은 않다. 많은 부부가 이를 증명한다. 남편은 열심히 친밀감과 솔직함, 아내와 하나되려는 진심 어린 대화로 아내에게 열심히 구애할 필요가 있다. 그러한 친밀감을 느끼면 아내는 육체적으로도 친밀해지고 싶은 마음이 생긴다. 하지만 이는 두 사람의 독특한 관계 안에서 일구어가야 할 상호 작용이다. 늘 그렇듯이 이런 종류의 상호 작용은 사랑과 존경 고리의 지배를 받는다.

9 "성관계와 함께 작용하는 황금률"(본책 267~268쪽)에서 에머슨은 성관계와 관련하여 모든 부부 사이에 발생하는 긴장감에 관해 묘사한다. 여자는 감정적인 친밀감을 느껴야 성적으로 결합하고, 남자는 성적 친밀감을 느껴야 감정적으로 결합한다. 둘 중 틀린 사람은 없다. 그저 다른 것이다. 이 글의 첫 번째 문단 마지막 부분에는 '힘이 되는 선순환'에서 다룬 모든 원리, 그중에서도 '성욕'에 특히 잘 적용되는 규칙이 나와 있다. "상대방이 필요로 하는 것을 당신이 주지 않는다면 당신이 필요로 하는 것 역시 얻을 수 없다"(이것을 아래 빈칸에 적고 확실히 암기하라).

이 불변의 규칙에 관해 이야기를 나누어보라. 서로의 공기 호스를 밟지 않으면서도 솔직하게 자신의 필요를 털어놓을 수 있는가? 본책 329쪽의 부록C "배우자에게 당신의 필요를 채워달라고 요청하는 방법"을 복습하라. 각자의 형편에 따라 상대방에게 필요를 전달하는 부부만의 방법을 생각해보자.

10 "존경이 비아그라보다 낫다"(본책 268~270쪽)에는 두 통의 편지가 있다. 한 통은 외도한 남편을 둔 아내가 보낸 것이고, 다른 하나는 외도에 빠진 남편이 보낸 것이다. 이 두 경우에서 남편은 왜 불륜에 빠졌는가? 이것은 성관계와 존경 사이의 관계에 대해 무엇을 말해주는가?

서로의 답을 비교하라. 답이 비슷할 수도, 그렇지 않을 수도 있다. 두 경우 모두 남편이 불륜을 저질렀다. 하지만 그렇게 된 진짜 이유는, 그 불륜 상대가 남편에게 존경받고 있다는 느낌을 주었기 때문이었다. 외도한 남편들은 누군가가 자신을 괜찮은 사람이라고 생각한다는 사실에 뿌듯해했다. 이는 부부가 서로 끊임없이 "당신은 괜찮은 사람이야. 사랑스럽고 존경스러워. 우리 가족은 당신이 꼭 필요해"라고 일깨워줘야 할 필요성에 대해 무엇을 알려주는가? 당신 부부는 이런 긍정적인 대화를 주고받고 있는가?

11 "절 사랑한다면, 어떻게 다른 여자에게 갈 수 있는 거죠?"(본책 270~272쪽)를 읽으라. 여기서 가져온 다음 문장들 중에서 가장 도움이 되는 설명이 있다면? 추가하고 싶은 메모가 있다면 아래에 적어보라.

___ a. "그녀는 단순히 보는 것만으로 남자가 자극받을 수 있음을 이해하지 못한다. 어떤 상황이든 다른 여자에게 유혹당하는 것은 옳지 않고, 다시는 이런 이야기를 듣고 싶지 않다. 결국, 남편은 여전히 자신의 문제를 털어놓고 싶어 하지만, 아내는 그것에 대해 듣지 못한다."

___ b. "남편의 친밀감과 솔직함을 얻고, 그를 이해하고 싶다면 아내는 두 가지 방식을 취할 수 있다. 먼저, 기분이 내키지 않더라도 그가 필요로 하는 성적인 만족을 위해 최선을 다하라. 그리고 당신도 그런 남편을 이해하고자 애쓰고 있음을 그에게 알리라."

___ c. "남편이 전형적인 남자라면, 그에게는 당신이 잘 모르는 어떤 필요가 있다. 하지만 당신이 그를 비난하고 그런 필요를 모른 체한다면 남편은 자신이 존중받지 못한다고 생각할 것이다. … 당신이 그 필요를 깨닫고 채워주려고 노력한다면, 남편 역시 당신의 필요를 자연스레 채우려고 할 것이다."

메모: _____

각자가 선택한 문장을 비교하라. 이런 논의를 다음 기회로 미루고 싶은 부부도 있을 것이다. 여러 부부에게 효과가 있었던 해결책 하나를 이야기해보면, 남편이 다른 남성들과 만나 이야기를 나누는 것이었다. 그렇게 하면 서로를 격려하여 성적 유혹에 맞서고 서로를 책임감 있는 사람으로 세울 수 있다.

12 "남편은 이럴 때 자신의 욕구를 인정받는다고 느낀다"(본책 272쪽)에 적힌 사례들 중에서 당신의 결혼생활에 유용할 것 같은 항목을 선택하라. 아래에 이를 실행할 대략적인 날짜와 함께 그 항목을 기록하라.

각자 적은 것을 비교하고 구체적으로 실천에 옮길 방법을 논의하라. 남편은 모든 부담을 아내에게 떠넘겨서는 안 된다. 지금은 남편이 사랑을, 아내는 존경을 표현해야 하는 시간이다.

22장의 질문들

—⦿—

13 지금까지 우리는 남편과 아내들에게 각기 사랑과 존경을 보이는 여섯 가지 방법이 담긴 C-O-U-P-L-E와 C-H-A-I-R-S 원리를 배웠다. 본책 273쪽에는 '힘이 되는 선순환'의 정의가 나와 있다. 이 선순환에 들어서면 그의 사랑은 그녀의 존경을 불러일으키고, 그녀의 존경은 그의 사랑을 불러일으킨다.

이제 본책 274쪽으로 넘어가라. "아내를 위해 남편은 이렇게 사랑하라"에서는 남편이 '힘이 되는 선순환'을 유지하기 위해 사용할 수 있는 여섯 가지 도구를 간단히 복습하고 있다. 이 중에서 새롭게 이해하게 된 것, 혹은 처음으로 알게 된 것을 써보라. 사용하기에 가장 용이했던 것은 무엇인가? 관계에 가장 확실한 변화를 가져온 도구는 무엇이었나?

아내도 C-O-U-P-L-E이라는 여섯 가지 방법에 대해 메모해보라. 남편은 어떤 것을 실천해오고 있는가? 남편이 더 많이 사용했으면 하는 방법은 무엇인가? 그 이유는 무엇인가?

👫 남편은 자신이 어떤 부분을 잘해왔다고 생각하는가? 앞으로는 어떤 부분을 더 잘할 수 있다고 보는가? 또 아내는 남편이 어떤 부분을 잘해왔다고 생각하는가? 부정적인 말을 하거나 불평하지 않으면서 남편에게 용기를 북돋워준다면 남편은 더 신나게 실천할 수 있을 것이다.

14 "남편을 위해 아내는 이렇게 사랑하라"(본책 275~276쪽)에서는 아내가 '힘이 되는 선순환'을 유지하기 위한 여섯 가지 방법인 C-H-A-I-R-S를 간단히 복습하고 있다. 여섯 가지 중에 새롭게 이해하게 된 것, 혹은 아예

처음 알게 된 것은 무엇인가? 사용하기에 가장 쉬웠던(어려웠던) 것은? 이 도구들을 사용하면서 남편과의 관계에서 실제적인 변화가 있었는가?

남편도 C-H-A-I-R-S라는 여섯 도구에 대해 메모해보라. 당신의 아내는 어떤 것을 실천해오고 있는가? 아내가 더 많이 사용했으면 하는 것은 무엇이며 그 이유는?

서로 쓴 것을 비교하라. 아내는 자신이 어떤 부분을 잘해왔다고 생각하는가? 앞으로는 어떤 부분을 더 잘할 수 있다고 보는가? 또 남편은 아내가 어떤 부분을 잘해왔다고 생각하는가? 불평하지 않고(놀리지도 않으면서) 아내에게 용기를 북돋워준다면 아내도 더욱 마음을 담을 것이다.

15 본책 276쪽에서 에머슨은 이렇게 썼다. "타락한 세상에서, 항상 완벽한 이상에 이를 수는 없을 것이다. 그것은 당신이 닿을 수 있는 곳 너머에 있다. 그렇지만 당신은 지금 바로 사랑과 존경을 받아들일 수는 있다. 그것은 당신의 결혼생활에 활기를 주는 것 이상으로 갚아준다."

이 말이 맞다고 생각하는가? 그의 말을 확신하면서 C-O-U-P-L-E와 C-H-A-I-R-S에 구체적으로 표현된 원리를 행동으로 옮길 수 있겠는가? 그렇게 한다면 당신의 결혼생활은 덜 부정적이고 더 긍정적인 것이 될 뿐만 아니라, 모든 면에서 그리스도께 영광을 돌리게 될 것이다. (3부로 넘어가기 전에 본책 276~277쪽에 있는 "힘이 되는 선순환에서 보상을 받는 선순환으로"를 읽으라.)

사랑과 존경으로 가는 여정

—◦∽◦—

아래 에머슨의 성경 묵상을 참고하면서 현재의 결혼생활을 어떻게 생각하는지를 적어보라. 어떤 일이 일어나고 있는가? 무엇을 해야 하고, 무엇을 멈춰야 하는가?

1 아내는 남편의 동반자가 되는 방법을 고민해야 한다. 하나님도 "그를 돕는 사람, 곧 그에게 알맞은 짝을 만들어주겠다"(창 2:18, 새번역)라고 말씀하셨다. 남편과 어깨를 맞대는 것이 그에게 알맞은 짝으로서 아내가 할 수 있는 가장 유익한 활동이라고 생각해본 적이 있는가? 많은 남편이 아내가 옆에 있어주는 것만으로 활기를 얻는다. 아내인 당신은 남편을 돕고 결혼생활을 활기차게 할 생산적인 이 방법을 간과해오지 않았는가?

2 결혼생활은 타이밍이 전부다. 정말로 "잠잠할 때가 있고 말할 때가 있"다(전 3:7). 말하는 것이 좋지 않은 때도 있음을 진지하게 생각해본 적이 있는가? 예를 들어 남편이 어떤 방식으로든 사랑을 표현하지 않고 그리스도께 불순종할 때, 어깨를 맞댄 아내는 "말을 하지 않"(벧전 3:1, 새번역)을 수 있다. 이렇게 하는 것이 아내에게는 쉽지 않겠지만 하나님의 말씀은 믿어볼 만한 가치가 있다. 지금까지는 불평을 직접 털어놓으면서 남편의 죄

를 물으려 했을지도 모른다. 하지만 결혼생활 중에는 침묵해야 할 때도 있지 않을까? 존경을 담은 침묵을 남편에게 보일 때 그가 하나님과 자기 양심의 소리를 더 잘 들을 수도 있지 않을까?

3 "네 두 유방은 백합화 가운데서 꼴을 먹는 쌍태 어린 사슴 같구나"(아 4:5). 이 말씀은 시각중심적인 남편에게 아내의 가슴이 어떤 매력을 주는지를 묘사한다. 아내로서 남편에게 구애할 때 이런 면을 인지하고 있었는가? 결혼한 지금은 어떠한가? 아니면 이런 면은 없어야 마땅하다는 듯 행동하고 있지는 않는가? 당신의 감정 중심적인 면은 어떠한가? 남편이 당신에게 그런 면이 필요 없다는 듯 행동한다면 어떤 일이 벌어질까?

아내가 남편을 성적으로 부정한다면 어떤 일이 벌어질까? 상대방의 필요를 부정하지 않는 방법에 대해 좀 더 알고 싶다면 아내의 매력을 칭송한 솔로몬의 아가서 4장 1~15절을 읽어보라. 아내가 남편을 성적으로 친밀한 자리에 열정적으로 초대하는 내용이 담긴 16절도 같이 읽으라.

4 "여러 가지 고운 말로 유혹하며 입술의 호리는 말로 꾀므로"(잠 7:21). 남편은 섹시하고 관능적인 여자에게 끌릴 수도 있지만, 자신을 칭찬하는 여자에게 끌릴 가능성이 더 높다. 우리는 잠언 7장 21절에서 말하는 여자가 거짓 존경과 겉치레로 아첨했다고 생각할 수 있다. 하지만 그녀가 말한 것이 참이었을 수도 있다. 다만 동기가 거짓되고 상대를 조종하려는 의도였기에 잘못일 뿐이다. 어째서 그는 그렇게 쉽게 조종당했던 걸까? 그가 존경 어린 말과 칭찬을 하지 않는 아내와 함께 살고 있었다고 짐작할 여지가 많다.[2] 그래서 이 음녀가 덫을 놓았을 때(잠 7:6-20 참고), 남자는 완전히 그 덫에 걸려들었다. 감정적 친밀감을 얻지 못하는 아내가 '친절하고 이해심 많은' 남자의 유혹에 넘어갈 수 있듯이 말이다. 어떻게 하면 외도 없는 결혼생활을 할 수 있을까?

---

[2] 잠언 7장에는 '아들'에게 성적 유혹을 피하라고 가르치는 내용이 담겨 있다. 이 '아들'은 결혼을 했을까, 하지 않았을까? 그 답은 아버지가 '아들들'에게 성적 유혹을 피하라고 훈계하는 잠언 5장에 나와 있다(7절 참고). "네 샘으로 복되게 하라. 네가 젊어서 취한 아내를 즐거워하라. 그는 사랑스러운 암사슴 같고 아름다운 암노루 같으니 너는 그의 품을 항상 족하게 여기며 그의 사랑을 항상 연모하라"라고 적힌 잠언 5장 18~19절에 따르면 이 '아들들' 중 몇 명은 결혼을 했을 것이다.

3부

보상을 받는 선순환

3부는 본책의 23장과 24장 그리고 결론 부분을 두 단계로 나눠 다룬다.

1부에서는 '관계의 악순환'의 속도를 늦추거나 멈추는 방법을 배웠고, 2부에서는 '힘이 되는 선순환'을 통해 보다 나은 결혼생활을 구축하는 방법을 배웠다. 3부에는 이와는 조금 다른 방식으로 다양하게 적용 가능한 내용이 들어 있다. 3부 '보상을 받는 선순환'은 사랑과 존경 고리를 실천하려 애쓰지만 잘 안 되는 커플, 다시 말해 '관계의 악순환'의 속도를 늦추기는 했으나 '힘이 되는 선순환'에는 제대로 들어서지 못한 이들을 위한 것이다. 또한 아내에 대한 남편의 조건 없는 사랑이나 남편에 대한 아내의 조건 없는 존경이 별다른 성과를 내지 못하는 위기의 부부들을 위한 것이기도 하다. 결국 '보상을 받는 선순환'이란, 사랑과 존경의 진짜 이유를 알고자 하는 모든 부부를 위한 것이다. 궁극적으로 모든 남편과 아내는 그리스도께 순종하는 마음으로 사랑과 존경 원리를 실천해야 한다. 그렇지 않다면 '우리의 훌륭한 결혼'을 생각하며 거만해지기가 쉽다. 그런 식으로 많은 결혼이 잘 굴러가다가 갑자기 펑크가 나고 만다. 우리가 그리스도로부터 눈을 뗀다면, 혹은 애초부터 그리스도께 눈을 맞추지 않는다면, 모래 위에 집을 짓는 것과 마찬가지로 비바람이 불면 날아가버린다(마 7:24-27 참고).

이어질 내용에는 무조건적으로 존경하고 무조건적으로 사랑하는 삶에 담긴 가장 깊은 의미를 배우고자 하는 이들에게 주는 위안과 격려, 풍부한 직언이 담겨 있다. 부부가 사랑하고 존경하는 궁극적인 이유는 단지 위험에 빠진 결혼생활을 구하거나 튼튼하게 하는 데 있지 않다고 설명한다. 사랑하고 존경하는 건, 그리스도를 사랑하고 경배하려는 마음이 있기 때문이다. 결국 결혼생활은 당신의 배우자와의 관계에서 결판나는 것이 아니다. 전적으로 구원자요 주님이신 그분과의 관계 그리고 우리가 그분을 얼마나 영화롭게 하고 싶어 하는지와 관련이 있다.

13
단계

그리스도 바라보기

13단계를 본격적으로 시작하기에 앞서 본책 23장 〈사랑과 존경을 실천해야 하는 진정한 이유〉를 읽으라. 각자 상황에 따라 아내 혹은 남편을 향한 질문에 답하라. 부부가 함께 공부하고 있다면 부부를 향한 질문에 답하라. 소그룹 단위로 공부할 사람은 부록A에 제시한 몇 가지 제안을 참고하기 바란다.

1 "하나님의 일하심 신뢰하기"(본책 282~284쪽)를 읽으라. 다음 인용문 중 현재의 결혼생활을 생각할 때 가장 큰 울림을 주는 것은 무엇인가?

    ___ a. "아무 효과가 없어 보여도 포기하지 마세요."

    ___ b. "잠시 어두운 시간을 보내는 것 같더라도 하나님 말씀이 비추신 빛을 의심하지 말라."

    ___ c. "사랑과 존경 원리는 당신이 깨닫는 것 이상으로 배우자에게 영향을 준다."

    ___ d. "하나님이 역사하신다는 확신을 가지라."

결혼생활이 '힘이 되는 선순환'에 들어서 있다면 그분이 이루신 것과 그분을 신뢰할 때 앞으로도 이루어주실 것을 생각하면서 함께 기뻐하고 하나님께 영광을 돌려드리기 바란다.

체크한 문장에 대한 생각을 적어보라. 두 사람은 지금 어디쯤에 와있는지, 하나님과 그분의 말씀이 삶에서 역사하심을 어떻게 믿을 수 있는지에 대해 이야기를 나누라. 여기서 선택한 아이디어가 당신을 어떻게 도울 수 있을까?

2 사랑과 존경의 원리를 실천한다고 달라질 게 뭐가 있겠느냐고 사람들은 말한다. "아무 효과가 없다면 어떻게 해야 하나?"(본책 284~286쪽)에서 에머슨은 '보상을 받는 선순환'에 관한 모든 것을 설명한다. 아래 에머슨의 말에서 한 가지를 고른 후 어떤 부분이 당신을 격려하거나 깨달음을 주었는지 써보라.

___a. "사랑하고 존경할 때, 당신은 하나님을 따르는 것이며 그분 곁에 서는 것이다. 솔직히 말해 배우자와 결혼생활 자체에서는 도움을 받을 만한 것이 없을지도 모른다."

___b. "조건 없는 사랑과 존경은 반드시 보상을 얻는다. 나는 이것을 '보상을 받는 선순환'이라고 부른다."

___c. "바울이 에베소서 6장 7~8절을 기록할 때, 당신의 결혼생활에 적용할 것도 의도했다고 나는 믿는다. '기쁜 마음으로 섬기기를 주께 하듯 하고 사람들에게 하듯 하지 말라. 이는 각 사람이 무슨 선을 행하든지 종이나 자유인이나 주께로부터 그대로 받을 줄을 앎이라.'"

___d. "결혼생활에서 배우자가 당신을 무시한다고 해도, 당신은 분명히 보상을 받을 것이다."

'보상을 받는 선순환'을 한마디로 표현하면 다음과 같다.

남편의 사랑은 아내의 존경에 관계없이 베풀어지고,
아내의 존경은 남편의 사랑에 관계없이 베풀어진다.

당신에게는 '보상을 받는 선순환'이 어렵게 느껴지는가? 아니면 신기하게
도 힘이 되고 영감을 주는가?

'힘이 되는 선순환'에 들어선 부부라면 본책 286쪽의 두 번째 단락을
함께 읽어보라. 어떻게 하면 반석에 세운 집과 같은 결혼생활을 유지할 수
있을지에 대해 말해보라.

3 "하늘의 보상"(본책 286~288쪽)을 읽으라. 지금껏 경험했던 모든 행복
하고 기쁜 경험을 커다란 상자 안에 넣어 언제든지 즐길 수 있다고 생각해
보라. 그리스도와 영원히 함께하는 것의 강렬함은 그보다 몇 천억 배 더 클
것이다! "배우자를 사랑하거나 존경하기로 할 때, 이익 배당금은 끝이 없
다. 이것은 예수님이 주시는 놀라운 기회다. 우리는 이 세상에서 그토록 '적
은 일'을 하고도, 하늘에서 이토록 많은 것으로 갚아주신 주님께 영광을 돌
리게 될 것이다."

결혼생활에서 큰 의미를 찾을 수 없고 단지 버티는 중이라고 생각했다
면, 이 말은 지금 당신에게 어떤 느낌으로 다가오는가? 여러분이 지금 잠
시 받고 있는 환난으로 인해 끝없고 무한하며 형언할 수 없는 천국의 기쁨
을 얻을 수만 있다면 당신은 어떻게 해야 하겠는가? 여기에 각자의 생각을
써보라(부록F의 12번 참고).

부부가 가장 먼저 해야 할 일은 결혼 관계에 헌신하는 것이다. 그리스도께 하듯 서로에게 헌신하며, 그분이 주려고 기다리시는 비할 데 없는 보상을 기다린다는 의미가 이것이다. 천국이 보상으로 주어진다면 지금 지상에서 당신이 지나는 힘든 여정에 대해서도 얼마든지 감수할 수 있다고 믿는가?

이미 '힘이 되는 선순환'에 들어서 있다면, 배우자를 그리스도께 하듯 사랑하고 존경하라. 언젠가 그리스도를 직접 만나는 날, 그분은 "네가 결혼생활 중에 그렇게 한 것은 나를 위한 것이었니?"라고 물으실 것이다. 이때 "주님, 저의 결혼생활은 행복했습니다. 하지만 예수님 생각은 제대로 못했습니다"라고 말해야 한다면 얼마나 슬프겠는가?

결혼생활은 행복했지만 그리스도를 위한 자리는 마련하지 않았던 어느 여인이 있었다. 그러다가 사랑과 존경에 관한 도전을 듣고 그녀는 다음과 같은 편지를 보내왔다. "남편은 물론 그 너머에 있는 그리스도를 보아야 한다는 말이 제게 꼭 필요했습니다. 혀를 삼가고 반응을 자제하는 것은 남편을 존경하기 위해서일 뿐 아니라 하나님께 순종하기 때문임을 이제는 압니다. 이것이 제게는 큰 성장입니다!"

4 "이것은 그분에게도 중요한 문제다!"(본책 288~290쪽)를 읽으라. 세상에서 어리석다고 여기는 것을 행할 때 하늘에서는 엄청난 일이 벌어진다는 사실이 당신에게는 희망과 격려를 주는가? 여기서 이야기하는 것은 구원받는 방법이 아니라 보상을 얻는 방법이다(고전 3:11~15). 아래의 인용문 중에서 가장 힘이 되는 문장은 무엇인가? 한 가지를 선택해 왜 그렇게 생각하는지 이유를 써보라.

___ a. "자신을 가혹하게 대하고 사랑하지 않는 남편을 존경하는 사람을 두고 세상은 비상식적이라고 비난한다. 남편을 경멸하고 비난을 퍼붓는 아내를 사랑하는 남편도 마찬가지다. 하지만 하나님에게는 그것이 사리에 맞는다. 겉보기에는 아무 열매를 거두지 못하는 것 같지만, 이는 하나님을 위한 일이다. 그분은 이런 일에 보답하신다. 하나님에게는 지혜로운 것이 세상에서는 어리석다(고전 3:19 참고)."

___ b. "에베소서 2장 10절을 보라. 우리는 하나님이 우리를 위해 이미 예비해놓으신 선한 일들을 한다. 왜 그럴까? 이렇게 함으로써 '아주 약간' 하나님을 만족케 한다거나, 우리 구원을 위해 지불할 것을 벌충할 수 있다는 의미가 아니다. 우리가 이렇게 하는 것은 그분을 기쁘시게 하려는 것이다. 우리가 그렇게 할 때, 그분은 우리에게 보상을 베푸신다."

___ c. "그렇다. 보상이 우리를 기다리고 있다. 우리가 하는 어떤 것도 헛되지 않다. 주님은 아주 깊은 관심을 가지고 지켜보신다. 그리스도께서 교회를 사랑하신 것처럼 자기 아내를 사랑하는 남편, 그리고 '주님께 하듯' 자기 남편을 존경하는 아내는 영원토록 보상을 받게 될 것이다(엡 5:22~33 참고)."

기타 의견: _____

'힘이 되는 선순환'에 들어선 부부라면, "저는 보상에 관심이 없어요. 단지 주님을 따르고 천국에 이르길 바랄 뿐이에요"라는 말에 에머슨이 어떻게 말하는지 꼭 읽어보기 바란다(본책 290쪽). 보상은 중요하다. 예수님이 계시하셨기 때문이다. 좋은 결혼생활을 누리는 것에 대해, 그리고 하나님께서 우리에게 주려고 하시는 보상을 묵상하면서 하나님께 감사하라.

5 "이것은 예수 그리스도와 관련된 문제다"(본책 291~293쪽)를 읽고 아래의 질문에 답하라.

    a. 사랑과 존경의 원리를 결혼생활에서 누리기 위한 필수 전제조건은 무엇인가?

    b. 성공한 부부와 그렇지 못한 부부 사이의 차이점은 무엇인가?

    c. 미성숙함의 전형은 무엇인가?

각각을 살펴보라. 특히 관계에서 어려움을 겪는 부부가 곰곰이 생각해야 할 질문들이다.

a에 관하여: 그리스도가 삶의 주인이 아니라면, 적어도 하나님이 보시기에는 사랑과 존경이라는 고리가 돌아가지 않는다. 믿음으로 행하는 사랑과 존경 고리만이 하나님을 기쁘시게 한다. 두 사람 중 한 명이라도 자신이 그리스도와 함께 있음을 '확신'하지 못한다면 에머슨이 제안한 기도를 드리기 바란다. "주님, 저는 진심으로 믿습니다. 저의 불신앙을 도와주세요. 당신을 따르길 원합니다. 그리고 당신께 하는 것처럼 순종하길 원합니다"(막 9:24 참고).

b에 관하여: 잠언 24장 16절에 그 차이점이 나와 있다. 그리스도만이 우리를 의롭게 하시며 넘어졌을 때 일어서게 하신다. '힘이 되는 선순환'에 들어선 부부는 이 주제를 끊임없이 다뤄온 사람들이다. 그들은 결코 포기하지 않는다.

c에 관하여: 미성숙한 사람들은 모든 것이 아무 어려움 없이 쉽게 해결되기를 바란다. 본책 292~293쪽에서 편지 두 통을 읽어보라. 이 편지에는 두 아내가 각기 성숙함으로 이어진 길을 적극적으로 걷기 시작한 이야기가 나와 있다. '힘이 되는 선순환'에 들어선 부부라면 잠언 24장 16절을 읽고 어떻게 성공한 부부가 될 수 있었는지, 앞으로도 그 상태를 유지하려면 무엇을 해야 하는지를 이야기해보라.

6 "주님, 제가 언제 당신에게 먹을 것을 주었나요?"(본책 293~295쪽)를 읽으라. 마지막 심판과 관련해서 예수님이 사용하신 비유에서 알 수 있는 기본 원리는 무엇인가? 각자가 생각하는 답을 써보라.

 에머슨이 본책 294쪽에서 언급한 다음 내용에 동의하는가?

"당신은 누군가를 완벽하게 사랑하거나 존경할 수 없다. 당신이 사랑하고 존경한다고 해서 배우자가 곧바로 관계의 악순환에서 벗어나거나 당신의 필요가 채워지는 것도 아니다. 하지만 당신은 계속 사랑과 존경을 실천해야 한다. 왜냐하면, 당신은 배우자 너머로 예수 그리스도를 보아야 하고, 이것이 주님을 향한 당신의 사랑과 존경을 깊어지게 하는 도구이자 시험임을 깨달으면서, 마지막 심판 때 그분 앞에 서게 될 순간을 잊지 말아야 하기 때문이다."

현재 어려움을 겪는 부부라면 위의 질문은 결정적인 도움을 줄 될 만큼 위력이 있다. 두 사람이 모두 에머슨의 말에 동의한다면 결혼생활에서 의미 있는 걸음을 내딛을 수 있다. 하지만 두 사람 중 한 명이 머뭇거리거나 확신하지 못한다면 다른 한 사람은 인내심을 가지고 하나님께서 적절한 타이밍에 역사하시기를 기다려야 할 것이다.

'힘이 되는 선순환'에 들어선 부부라면 왜 서로가 사랑과 존경을 보여야 하는지에 대해 말해보라. 결혼생활이 행복하기를 바라는 마음 때문인가? 배우자를 통해 당신의 필요를 충족시키기 위함인가? 아니면 그리스도를 섬기고 경외하고 싶어서인가? 세 가지 이유가 섞여 있는가?

사랑과 존경으로 가는 여정

— ✆ —

에머슨의 성경 묵상을 기초로 하여 일지의 항목을 새로 만들어도 좋고, 이 단계를 공부하면서 얻은 각자의 통찰과 생각을 기록해도 좋다.

1 "악을 악으로, 욕을 욕으로 갚지 말고 도리어 복을 빌라"(벧전 3:9). 아내가 경멸이 담긴 말을 한다면 이제부터는 사랑 어린 말로 반응하라. 남편이 애정 없는 말을 한다면 존경이 담긴 말로 반응하라. 그러고 나서 무슨 일이 일어나는지 지켜보라.

물론 많은 사람은 이렇게 불평한다. "내 배우자는 달라요! 박사님은 그 사람을 모르잖아요. 결코 바꾸지 않을 거라고요!" 그럴지도 모른다. 하지만 왜 배우자의 부정적인 면을 그대로 따라 하면서 하나님의 보상을 스스로 포기하려 하는가? 그분이 당신을 위해, 그분의 방식대로 행하실 일들을 굳게 믿기 바란다. 분위기가 조금은 긍정적으로 바뀔 것이다.

2 "너희는 스스로 삼가 우리가 일한 것을 잃지 말고 오직 온전한 상을 받으라"(요이 1:8). 사도 요한은 여기서 충격적인 함의가 담긴 가르침을 전하고 있다. 20년 동안 열심히 사랑하고 존경하는 결혼생활을 하며 개인적인 '보상 장부'를 만들어놓았는데, 결혼 21년째 되는 해에 어떤 일이 일어나 배우자에게 경멸 혹은 증오를 보이고 만 사람이 있다고 치자. 이런 경우에 요한의 말씀을 적용해본다면 다음과 같은 뜻이 될 것이다. "조심해. 하나님은 자애로운 분이시니 네가 구원받는 것은 확실하지만, 죄에 빠진다면 하나님이 네게 주시려 계획하셨던 상 중에서 일부는 무효가 될 수도 있어."

요한은 순진한 사람이 아니었다. 그는 믿는 자들이 항상 모든 종류의 죄의 유혹에 빠질 수 있음을 알고 있었다. 그가 자신의 양 떼에게 이렇게 경고한 것은 좋은 시절에는 사람들이 죄에 빠지지 않을 것을 알았기 때문이다. 그리고 그들이 예상치 못한 도전을 만나 낙담하다가 상의 일부를 잃을 가능성이 훨씬 더 높다는 것을 알았기 때문이다. 요한의 가르침은 오늘날 당신과, 당신의 결혼생활에도 적용된다. 당신은 어떤 일이 있어도 끝까지 신실하리라고 다짐하겠는가?

오직 은혜로

14단계를 본격적으로 시작하기에 앞서 본책 24장 〈진리는 진실로 우리를 자유롭게 한다〉와 결론 〈분홍색과 파란색을 섞으면 하나님의 보라색을 만들 수 있다〉를 읽으라. 질문을 따라가며 답하라.

24장의 질문들

1 "사랑과 존경의 원리를 잘못 적용하려 할 때"(본책 298~300쪽)를 읽으라. 본책 299쪽에서 에머슨은 어린 시절에, 어머니가 아버지의 분노에 대응하는 방식을 관찰한 경험을 이야기한다. 그의 어머니는 '완벽과는 거리가 먼' 배우자와 함께 살면서 어떻게 행동했는가? 에머슨의 어머니에게서 얻을 수 있는 교훈은 무엇인가?

이런 상황에서 우리는 '피해의식'에 사로잡히기가 얼마나 쉬운가? 긍정적으로 살기를 결심하기는 또 얼마나 어려운가? 둘 중 한 명에게 이러한 피해의식은 없는가? 그 사실을 고백하고 긍정적으로 살아감으로써 다음 단계로 넘어갈 생각이 있는가?

가끔씩 갈등이 있을 때 두 사람은 어떤 방식으로 '창조적인 대안'을 찾고 있는지 이야기해보라.

2 "문제의 핵심은 저예요!"(본책 300~301쪽)에서 에머슨은 '보상을 받는 선순환'의 원리를 설명한다. 또한 '힘이 되는 선순환'에 들어선 사람들에게도 이것이 유용하게 적용된다고 인정한다. 여기서 저자는, "배우자가 나를 얼마나 화나게 하고 낙담하게 하는지에 상관없이, 나의 반응은 내 책임"이라고 정의한다.

'힘이 되는 선순환'에 들어선 부부라 해도 에머슨이나 다른 모든 사람들처럼 여전히 어떤 문제를 안고 있다. 나는 배우자를 사랑하거나 존경하기 위해 최선을 다 하는데, 배우자가 여전히 학대와 냉혹함, 경멸, 불합리, 무관심으로 반응한다면 어떻게 하겠는가? 본책 301쪽 후반부에 있는 남편의 편지를 읽어보고 '보상을 받는 선순환'의 원리에 대한 각자의 생각을 적어보라. 어떤 일이 있어도 자신의 반응에 책임지겠는가?

3 "자유로운 사람, 이렇게 반응한다"와 "내면의 자유는 더 큰 성숙을 가져온다"(본책 302~304쪽)를 읽으라. 모래 알갱이 사례는 배우자가 분노를 자극하고 압력을 가할 때 우리는 항상 어떤 쪽을 선택해야 함을 가르쳐준다. 다음 빈칸을 채우라.

"_____ 방법으로 반응할 것인가, 아니면 _____ 방법으로 반응할 것인가?"

요한복음 8장 30~36절에는 신실한 방법으로 반응하는 삶에 담긴 비밀이 나와 있다. 유대인 지도자들과의 언쟁에서 예수님은 진정한 영적 자유를 얻는 방법을 밝히신다. 그분의 말씀은 지금 당신의 결혼생활과 어떤 관계가 있는가? 본책 303쪽에서 답을 찾아보고 그 진리를 각자의 표현으로 바꾸어 아래에 써보라.

'힘이 되는 선순환'에 들어선 부부라면 이 글에서 묵상할 만한 내용을 많이 찾아낼 수 있을 것이다. 특히 "그러므로 아들이 너희를 자유롭게 하면 너희가 참으로 자유롭게 될 것이다"(요 8:36, 새번역) 말씀이 '선순환'에 머물게 하는 데 어떤 도움을 주는지 나눠보라.

4 "어떤 상황에서라도 자유로울 수 있다"(본책 304~306쪽)라는 글에서 에머슨은 어떤 상황에 처하든 내면의 자유를 가질 수 있는 방법을 소개한다. 베드로전서 2장 16~17절을 읽으라. 또한 24장의 1번 주(註)를 검토하라(본책 342쪽). 결혼생활에서 바울의 가르침을 실천에 옮기는 일에서 당신은 지금 어느 단계에 와있는가?

___ a. "내가 그걸 할 수 있을지 모르겠다. 당신은 내 배우자가 어떤 사람인지도 모르지 않는가!"

___ b. "노력하고는 싶지만 심한 무력감이 들고, 무엇을 해야 할지도 모르겠다."

___ c. "하나님의 은혜를 통해 나는 할 수 있다. 실천하려고 이미 노력하는 중이다!"

___ d. 기타 의견: _____

보상을 얻는 주기에 들어서 있거나 그러려고 노력하는 부부라면 아마 b나 c를 답으로 고르거나 나름의 답을 썼을 것이다. 본책 306쪽의 편지를 읽으라. 이 아내들은 남편에 대한 존경의 부족을 어떻게 극복했는가?

에머슨이 지적한 대로 배우자가 사랑하지 않거나 존경하지 않는 듯 보이는 순간이 있음에도 불구하고 그(녀)가 '선한 마음'을 가지고 있음을 믿는다면 '보상을 받는 선순환'에 올라탈 수 있으며, 이를 기반으로 다른 것도 성취할 것이다.

'힘이 되는 선순환'에 들어선 부부는 베드로전서 2장 16~17절에 나온 베드로의 가르침을 각자의 결혼생활에 어떻게 적용할 것인지를 이야기해보라. 사랑과 존경 고리를 실천하면서 '자유인'으로 살고 있는가?

5 "내면의 자유는 유산으로 남는다"(본책 307~309쪽)를 읽으라. 아래의 인용문 중 당신에게 가장 큰 울림을 주는 글은 무엇인가?

___a. "모든 부모는 아이가 자신을 사랑하고 존경하길 원한다. 하지만 부부가 서로를 사랑하고 존경하지 않는다면, 그들이 과연 어떤 유산을 남길 수 있겠는가?"

___b. "벼랑 끝에 서 있는 날마다, 당신은 엇갈림 길을 만난다. 오늘 행하는 일이 미래에 큰 차이를 가져올 수 있다. '진리가 너를 자유롭게 할 것이다'라는 진리의 말씀을 붙잡고 살아가는 모습을 보면서 아이들도 예수님을 따르는 길에 설 것이다."

___c. "과거 자신의 많은 실수도 떠오른다. 때때로 좋은 본을 보여주지 못했고, 사랑과 존경으로 배우자를 대하지 못한 순간 말이다. 하지만 절망하지 마라. 하나님은 과거의 실수도 다루시는 분이다. 죄가 있는 곳에 그분의 은혜가 더욱 풍부해진다."

유산을 남기는 삶에 관한 나의 생각:

_____

각자의 위치에서 남편과 아내는 지금 어떤 유산을 남기고 있다고 생각하는가? 자녀들이 부모가 맺고 있는 사랑과 존경 고리를 어떻게 여길지 생각해본 적이 있는가? 이것을 생각한다면 우리는 어떻게 해야 할까? 자녀들은 당신을 어떻게 보고 있으며 그들은 앞으로 그리스도께 어떻게 반응할 것인가? 사랑과 존경 고리를 실천하려고 노력할 때 일어나는 일에 대해서는 본책 308~309쪽의 편지들을 참고하라.

6 "하나님의 방법으로 배우자의 마음을 얻으라"(본책 309~312쪽)에는 사랑과 존경 고리를 삶에서 실천하여 '보상을 받는 선순환'으로 나아가게 된 사람들의 편지가 담겨 있다. 아래 인용문 중 지금 당장 사용할 수 있는 핵심 진리가 포함된 구절을 찾아보라.

___a. "저는 제가 사랑하는 데 실패했음을 알아요(아마도 그녀가 저를 존경하지 않는 것 이상으로 그랬을지도 모릅니다). 제가 이러한 지식을 이해하도록 이끌어주시고, 예수 그리스도를 위한 수고로 사랑하는 행동을 할 수 있도록 허락하신 하나님께 감사합니다."

___b. "저는 다른 것을 하기 시작했어요. 태도를 바꾸었지요. 제 목소리 톤과 표정을 바꾸었어요. 심지어는 '제게 복을 주시고 그를 변화시켜 주세요'라는 기도를, '저를 변화시켜 주시고 그에게 복을 주세요'라고 바꾸었어요."

___c. "집에서 제 상황은 조금도 수월해지지 않았어요. 남편은 지금까지 여러 해 주님으로부터 멀어진 상태입니다. 하지만 저는 남편을 귀하게 여기면서 축복을 받았어요. 남편이 변하지 않는다고 할지라도, 저는 주님이 그를 귀하게 여기길 원하심을 알아요."

위 인용문 중에서 내게 가장 의미 있는 것은 _____이고 그 이유는 다음과 같다:

_____

13단계와 14단계를 공부하면서 보았듯 '보상을 받는 선순환'은 다양한 마음 상태를 가진 부부를 위한 것이다. 사랑과 존경의 길을 가야 한다는 것을 알지만 실제로 그 길을 걷는 것이 힘겨운 이들이다. 당신 부부가 두 단계에 나온 질문 중 어느 한 가지라도 의논할 수 있었다면 큰 진전을 이루었다고 할 수 있다. 이것을 허락하신 하나님께 감사하라.

'힘이 되는 선순환'에 들어선 부부라면 '보상을 받는 선순환'에 대한 이 마지막 단계를 끝내면서 다음과 같은 반응을 보일 수 있다. 첫째, "다 좋은 내용이었어. 하지만 사실 우리에게는 그다지 필요 없는 이야기였던 것 같아." 둘째, "이제 사랑과 존경이 무엇인지 확실히 알았어. 이것은 우리 부부 사이의 관계를 말하는 것이 아니라, 예수 그리스도와 우리의 관계에 대한 것이었어. 이 관계가 끈끈하면 우리의 결혼도 굳건해질 거야."

본책 312쪽의 세 단락을 천천히 읽어보라. 부부가 성숙을 위해 꼭 필요한 단계로 들어설 때 시험이 따른다는 말에 동의하는가? 여기에 어떻게 대비할 수 있겠는가?

결론의 질문들

— ⌒◈◈◈⌒ —

7 본책 313~314쪽을 읽으라. 여기 묘사된 남편은 왜 '사랑과 존경 세미나'를 신선한 공기를 들이마시는 것에 비유했는가? 서로에게 사랑과 존경을 보이는 진짜 목적은 무엇인가? 각자의 생각을 써보라.

🖼 '사랑과 존경 세미나'에서 에머슨은 거기 참석한 남편과 아내들에게 배우자의 어깨 너머로 예수 그리스도가 계신 것을 믿음의 눈으로 '보라'고 청한다. 예수님은 이렇게 말씀하시는 것 같다. "사랑이나 존경을 받을 자격

이 없는 네 배우자와는 무관한 문제란다. 이것은 사랑과 존경을 실천하여 나를 얼마나 경외하는지를 보이는지의 문제다." 이 전체 그림을 마음에 간직하고 있어야 남편과 아내는 하나님의 도움을 받으며 C-O-U-P-L-E와 C-H-A-I-R-S 원리를 제대로 이해하고 삶에 적용할 수 있다.

남편이 "미안해"라고 말하고 싶지 않을 때도 아내의 어깨 바로 뒤에 거룩한 주인이 계신 것을 보고 그리스도께 하듯 해야 평화를 이룰 수 있다. 아내 역시 남편의 권위에 저항하고 싶을 때 남편의 어깨 바로 뒤에 주님이 계신 것을 보며 그분께 하듯 자신이 할 일을 감당할 수 있다.

그들은 서로를 바라본다. 그리고 그 배우자의 어깨 바로 뒤에는 예수 그리스도가 계신다. 이것은 '선한 행동을 하게 하는 동기'인 동시에 사랑과 존경을 실천하게 하는 힘이다.

8　본책 315~316쪽에서 에머슨은 에베소서 5장 31~33절에 나온 '둘이 하나가 되는 것'에 대하여 이렇게 설명한다.

"남편이 갈등 중에 있더라도 사랑을 보인다면, 아내는 그와 하나 됨을 느낄 것이다. 아내가 이런 순간에 존경을 보이면, 남편은 또한 아내와 하나 됨을 느낄 것이다. 의견의 불일치가 해결되지 않은 상태라 하더라도, 이런 식으로 하나 됨을 경험할 수 있다. 아내가 사랑의 필요가 채워졌다고 느낄 때, 그녀는 남편과 하나로 이어진다. 남편이 존경의 필요가 채워졌다고 느낄 때, 그는 아내와 하나로 이어진다. 이것은 동시에 일어날 수 있다. 실제로 둘은 하나가 된다!"

에머슨의 이 말이 당신과 배우자에게도 적용되는가? 그렇게 하려 할 때 무엇이 방해가 되는가? 각자의 생각을 적기 전에 다음 내용을 읽어보라.

"하나님이 의도하신 사람이 되기 위해 성경은 우리가 그리스도께 의지해야 한다고 가르친다. '나를 떠나서는 너희가 아무것도 할 수 없음이라'(요 15:5)라는 그리스도의 말씀이 당신에게 격려가 되는가? 남자인 당신은 그리스도께 의지하는 것을 '남자답지 못한 행동'으로 생각하지는 않는가? 존경하는 모습을 보이지 않는 아내에게 자연스럽게 사랑을 줄 수 있겠는가? 아내인 당신은 자연스럽게 사랑할 수는 있지만(하나님이 당신을 그렇게 창조하셨으므로), 사랑받는다고 느끼지 못할 때 자연스럽게 존경하는 것은 어렵다. 남자, 혹은 여자로서 당신은 배우자에게 사랑이나 존경을 보일 때 그리스도의 도움이 필요하다는 점을 인정하는가? 하나님께서 '보혜사', 즉 성령님을 보내셔서 하나님을 바라보는 이들을 돕는다고 하시니 이 얼마나 큰 위안인가! 하나님께서 항상 옆에 계신다는 사실이 마음에 얼마나 힘이 되는가!"

이제 각자의 생각을 적어보라.

갈등이나 의견차가 있을 때도 아내는 사랑받고 있다고 느끼는가? 남편은 여전히 존경받고 있다고 느끼는가? 두 사람은 이 사실을 어떻게 확신하는가? 더 많은 아이디어가 필요하다면, 본책 부록A에 있는 "사랑과 존경 목록"(321~324쪽)을 참고하라. 부록C "배우자에게 당신의 필요를 채워달라고 요청하는 방법"(본책 329~331쪽)도 함께 읽으라.

9 "당신은 진심으로 기도하는가?"(본책 316~319쪽)에서 에머슨은 그리스도 안에서 둘이 하나가 되는 것과 관련하여 하나의 비유를 들고 있다. 분홍색(아내)이 파란색(남편)과 섞이면 보라색(하나님의 고귀함을 상징)이 된다는 것이다. 관건은 '연합'이다. 에베소서 5장 33절 말씀에 이와 관련하여 기록되어 있다. 하나님의 바람을 이루어드리기 위해 우리에게 힘을 주시도록 간구하라.

두 사람 중 한 명, 혹은 두 사람 모두가 여전히 분투하고 있다면 하나님의 보라색을 만들기 위해 분홍색과 파란색을 섞는 일이 너무나 어렵게 다가올 것이다. 하지만 이 숙제를 완전히 내팽개쳐두지는 말라. 하나님이 도우시면 한 번의 기도만으로 가능한 일일지도 모르기 때문이다. 본책 317~318쪽의 편지를 읽은 다음, 본책 319~320쪽의 헌신의 기도를 살펴보라. 할 수 있다면 지금 이 기도를 드리라.

'힘이 되는 선순환'에 들어선 부부는 이 헌신의 기도를 건너뛰고 싶을 수도 있겠다. 그렇다면 이 기도에 각자의 생각과 결심을 더한 기도문을 써보는 것은 어떠한가?

사랑과 존경으로 가는 여정

―◦◦◦―

공부의 마지막 단계이다. 시작점으로 돌아가 각자가 이룬 진전을 보면서 자신의 생각을 적어보는 것도 좋겠다.

1 "속에서 곧 사람의 마음에서 나오는 것은 … 질투와 비방과 교만과 우매함이니"(막 7:21~22). 여기서 예수님은 우리에서 무엇을 말씀하시는가? 우리의 반응은 언제나 우리의 책임이라고 말씀하신다! 주님은 우리가 죄를 합리화하도록 내버려두지 않으신다. 우리가 잘못을 행할 때, 마음 깊은 곳에서 스스로 선택하여 행하는 것이다. 꽁무니를 뺄 수도, 남 탓을 할 수도 없다. "존경을 못 받았으니 사랑하지 않은 거야"라고 고함치는 남편도, "남편을 존경할 수 없어. 받은 사랑이 없는데, 뭘!"이라고 아내가 새된 목소리로 말하는 것 역시 그리스도의 손길을 필요로 하는 마음에서 비롯한다. 하나님의 손길을 매일 간구하되 언제나 "주님, 도와주세요. 이런 반응은 저의 책임입니다"라는 고백으로 시작해보라.

2   바울은 디모데에게 "오직 말과 행실과 사랑과 믿음과 정절에 있어서 믿는 자에게 본이" 되라고 말한다(딤전 4:12). 우리는 모두 '본'이 주는 엄청난 힘을 알고 있다. 특히 자녀가 있는 가정에서는 더욱 그러하다. 우리가 자녀들 앞에서 사랑하지 않고 화를 내거나 경멸하거나 냉혹한 모습을 보인다면 조언과 가르침, 교훈 등을 모두 수포로 만들 뿐이다. 개인적인 필요 하나가 충족되지 않았다고 혐오나 경멸로 상대방을 비난할 때 자녀들은 그리스도를 믿는 믿음이 무의미하게 보일 것이다. 이미 이런 실수를 한 적이 있다면 하나님의 풍성한 은혜와 용서를 간구하라. 그리고 사랑할 수 있는 힘과 존경할 수 있는 능력을 간구하라. 당신이 신뢰할 때 그분은 당신에게 필요한 것을 기꺼이 주실 것이다.

3   남편이 아내를 사랑하고, 아내가 남편을 존경하는 것은 옳은 일이요, 좋은 일이다. 그러나 남편이 존경을 표현하지 않는 아내를 사랑하는 것과 아내가 사랑을 표현하지 않는 남편을 존경하는 것은 고통스러운 일이다. 그렇다면 이런 고통을 견딜 때 어떤 유익이 있을까? 베드로는 "선한 일을 하다가 고난을 받고 참으면 이것은 하나님 앞에서 칭찬을 받을 만한 일입니다"(벧전 2:20, 현대인의성경)라고 말한다. 그렇다. 배우자로 인해 고통을 받고 참으면 하나님의 칭찬을 받는다. 세상은 전혀 알 수 없는 차원의 이야기이다. 믿지 않는 자들은 "그런 고통을 참다니 정말 어리석어. 그만둬!"라며 비웃겠지만 믿는 자들은 하나님의 칭찬을 기다리기에 이것이 어리석지 않고 지혜롭게 보이는 날이 온다는 것을 안다. 용기를 가지라. 당신 뒤에는 하나님의 말씀이 있다!

"이제 하나님 곧 우리 주 예수 그리스도의 아버지께서 성령의 능력으로 여러분을 축복해 사랑과 존경으로 결혼생활을 빛나게 하는 지혜와 힘과 주시길 빕니다. 그리고 하나님을 신뢰하고 순종하기로 선택한 여러분께 그분이 영원한 보상을 주시기를 빕니다. 아멘."

4 이 공부를 결론지으면서 당신의 마지막 생각을 적어보라.

부록

Love & Respect Workbook

부록 A

소모임에서의 워크북 사용법

— ❧ —

1　이 워크북 전체의 서문에 해당하는 "시작하기 전에"를 읽으라. 이 워크북의 주된 목적은 본책《그 여자가 간절히 바라는 사랑, 그 남자가 진심으로 원하는 존경》의 각 장을 개인이나 부부가 읽고 저자의 생각과 교감할 수 있도록 돕는 것임을 기억하라. 에머슨 에거리치 박사는 신학학위뿐 아니라, 커뮤니케이션 석사 및 아동가족생태학 박사학위를 갖고 있으며, 25년 이상 목회를 하면서 결혼생활에서 어려움을 겪는 커플들을 상담해오고 있다. 그는 1998년에 에베소서 5장 33절을 묵상하면서 부부 사이의 문제를 이해하는 중대한 돌파구를 발견했다. 선한 마음을 가진 사람들 사이에서 왜 이런 문제가 일어나는지를 알아낸 것이다. 하나님은 그의 마음에 빛을 비추어 부부 사이의 긴장을 해소하는 방안을 깨닫게 하셨다. 본책의 메시지는 그 해결 방안을 담고 있다. 1999년에 에머슨은 2,000명의 교인이 모이는 교회를 떠나 '사랑과 존경 미니스트리'(Love and Respect Ministries)를 시작했다. 그때부터 아내 사라와 함께 전국의 교회를 비롯한 수많은 장소에서 '사랑과 존경 세미나'를 개최해왔다.

2　당신이 모임을 이끄는 리더라면, 워크북의 각 단계를 살펴보면서 그 의도와 목적을 철저히 숙지하기 바란다. 다른 멤버보다 먼저 한두 단계를 예습하면서 그 내용을 내면화하고, 가능하면 배우자와 함께 이 과정을 진

행하면서 부부를 위한 토론 아이디어까지 살펴보기 바란다.

부록B~E를 보면 그룹 리더에게 도움이 되는 추가 정보가 나와 있다. 이 자료들은 리더에게 소중한 정보의 보고가 될 것이다. 다 읽고 연구한 다음에는 각 그룹에 필요한 것을 선택하여 사용하라.

3 당신의 리더십 스타일을 확인하라. 이런 종류의 그룹 스터디를 인도하는 일에는 막대한 책임이 뒤따른다. 각각의 기혼자가 처한 상황과 단계는 모두 다르다. 모임을 이끌 때 다음 사항에 유념하기 바란다.

편안하고 가벼운 분위기를 유지해야 하지만, 조직적으로 진행할 수도 있어야 한다. 사람들이 자유롭게 의견을 내고 공유할 수 있도록 하라. 중간에 의견이 다소 갈리더라도 두려워하지 말고 간간이 상황을 요약하면서 다음 질문이나 주제로 넘어가야 한다.

매 순간 사람들의 생각이나 감정을 민감하게 읽고 반응할 수 있어야 한다. 특정 질문 앞에서 굉장히 재미있게 자기 경험을 말하는 부부도 있겠지만, 상처받고 불안해하며 마음 문을 닫는 부부도 있을지 모른다. 모임 장소 외에 다른 곳에서 따로 만나야 할 사람들이 있는지 관찰하면서 그들이 잘 적응해나가도록 격려하고 함께 기도하라. 직접 도와주기 힘든 경우에는 다른 이를 소개할 수도 있다.

수용적인 태도를 보이라. 예를 들어, 구성원 중 누군가가 에머슨이 표현한 내용과 완전히 상반된 의견을 내놓는다면 그 앞에서 방어적인 태도를 보이거나 시시비비를 따지지 말라. 모든 사람이 자유롭게 자기 의견을 낼 수 있게 한 다음, 이렇게 정리하라. "저자의 폭넓은 경험과 연구에 따르면, 이것이 표준 혹은 전형적이라고 부를 만한 남자와 여자/남편과 아내의 모습입니다. 모든 일반 규칙에는 예외가 있지만, 결국엔 모두가 사랑과 존경을 필요로 한다는 것도 사실입니다."

책의 내용을 미리 경험해보라. 배우자와 함께 이 워크북을 미리 공부하여 '관계의 악순환'의 속도를 늦추거나 멈추는 방법을 확인해두는 것이 이상적이다. '힘이 되는 선순환'을 계속 돌아가게 하려면 무엇이 필요한지와, '보상을 받는 선순환'을 통해서만 얻을 수 있는 지혜와 겸손에 대해서도 알아두어야 한다. 리더 부부가 미리 배웠던 바와 개인적인 문제를 투명하고 열정적으로 나눈다면, 다른 멤버도 편안한 마음으로 본책의 가르침을 받아들일 수 있을 것이다. 당신이 완벽한 결혼생활을 하고 있어야 이 모임을 이끌 수 있는 게 아니다.

충분한 시간과 마음을 쏟을 수 있도록 격려하라. 이 워크북 모임에 참여하는 부부들은 결혼생활의 성숙을 위해 충분한 시간을 내야 한다. 일주일에 한 번 모인다면 최소 2시간은 여기에 진심을 들여야 한다고 권하라. 본격적으로 공부를 시작하면 그보다 더 많은 시간이 필요할지도 모른다. 모든 사람에게 다음 사실을 주지시키라. "이 공부가 최우선이 되어야 합니다. 그리고 여러분의 결혼생활과 가정을 위해 워크북에 나온 과제를 반드시 풀어보기 바랍니다. 여기서 깨달은 지식이 결혼생활을 윤택하게 하고, 위험에서 구해낼 수도 있기 때문입니다. 최선을 다할 가치가 있는 일이지요."

하나님의 이끄심에 의지하라. 모임을 준비할 때 기도를 우선순위로 삼아야 한다. 본격적으로 모임을 진행할 때면 조용히 다음과 같이 기도하라. "주님, 지금 여기 모인 우리 모두를 도와주세요. 제가 지혜로운 말로 사람들을 잘 이끌어, 우리 서로가 상대방에게 도움이 될 만한 것을 많이 나눌 수 있게 해주십시오."

당신이 답하기 어려운 질문이 들어왔다면, 그 사실을 인정하고 다음 모임 때까지 답을 찾아보겠다고 하라. 일주일 동안 구성원과 그들의 결혼생활을 위해 기도하라. 주중에도 멤버들에게 연락하여 안부를 확인하라. 그룹 내에 '악순환'에 들어선 커플이 있다면 전화로 함께 기도하며 격려하라. 이것저것을 강요하는 대신, 기꺼이 시간을 내어주고 관심을 보이라.

4 모임에서 다루고 싶은 내용을 미리 계획하라. 이 워크북 안에는 많은 자료와 정보가 있다. 열네 개의 단계는 본책의 흐름에 맞추어 '관계의 악순환'에서 '힘이 되는 선순환'으로, 그리고 마지막 '보상을 받는 선순환'으로 이어진다. 어떤 단계는 한 번의 모임으로 모두 다루기가 어려운 분량일 수도 있다. 그럴 때에는 소그룹 구성원들에게 꼭 필요하다고 생각되는 질문들을 중심으로 취사선택해보라.

한 번 모일 때 몇 시간을 함께하는지도 중요하다. 최소한 1시간이 있어야 하고, 90분이나 2시간이면 더욱 좋다. 멤버들이 본책을 읽으면서 얻은 통찰을 나누고, 각자의 문제점을 적극적으로 토론할 예정이라면 그 정도의 시간은 필요하다. 계획을 세우기 위해 자료를 검토할 때 다음 사항을 염두에 두기 바란다.

- 한 단계를 전체적으로 살펴보면서 그중 어느 정도를 모임에서 다룰 것인지 정하라.
- 본책에서 각 장의 핵심 진리가 담긴 질문을 선택하라. 모든 자료가 다 흥미롭게 느껴지더라도 모임의 목적, 곧 당신이 분명히 하고 싶은 핵심 포인트를 잊지 말기 바란다.
- 질문 중에는 아주 민감한 것도 있다. 경우에 따라서는 자기가 쓴 답을 비밀로 하고 싶어 할 수도 있다는 말이다. 이렇게 다른 사람과 나누지 않고 싶은 질문도 있고, 리더가 약간의 설명을 덧붙이면서 모임 내에서 즐겁게 사용할 수 있는 질문도 있다. 각자가 쓴 내용을 반드시 이야기하거나 공유해야만 하는 것은 아님을 강조하라.

베드로전서 3장 2절:

하나님에 대한 존경인가, 남편에 대한 존경인가?

— ⁓ —

어떤 사람은 나에게, 베드로전서 3장 2절을 왜 그렇게 강조하는지, 그리고 왜 헬라어 '포보스'(*phobos*)를 NASB 번역본에 따라 남편에 대한 '존경하는 행위'(respectful behavior)로 옮겨야 한다는 입장을 고수하는지 묻는다. 이런 의문을 제기하는 사람들은 포보스를 '경건한 행실'(reverence of your lives)로 번역한 NIV를 예로 든다. 이러한 번역에는 '남편을' 존경하라는 의미보다는 그들의 존경과 경건을 '하나님께' 드리라는 의미가 강조되어 있다. 이 질문에 대해 나는, 하나님께 경건한 행실을 보이는 아내는 남편에게도 존경하는 모습을 보인다는 말로 답한다. 베드로전서 3장 2절은 2장 12절부터 3장 7절에 이르는 보다 큰 흐름 안에 들어 있는데, 전체 문맥을 보면 NASB 번역본이 왜 3장 2절을 그렇게 번역했는지가 보다 분명해진다.

베드로전서 2장 12절부터 3장 7절 전체를 관통하는 주제는 그리스도인은 먼저 하나님을 향하여 수직적인 존경(혹은 경건)을 가져야 하고, 그다음으로 타인을 향해서는 수평적 존경을 보임으로써 그분을 향한 경건을 실천해야 한다는 것이다. 베드로가 쓴 대로, 우리는 자신과 하나님 사이의 수직적 관계에서 '행실을 선하게 가져'야 한다. 특히 타인을 존중하고 존경하는 순종적인 행위로써 그렇게 해야 한다.

왜 우리는 이방인 가운데서 행실을 선하게 가져야 하는가? 2장 12절에 따르면 하나님께 영광을 돌리기 위함이다.

왜 우리는 인간이 세운 모든 제도에 순종해야 하는가? 2장 13절에 따르면 주님을 위해서이다.

왜 우리는 다른 사람들 앞에서 선을 행해야 하는가? 2장 15절에 따르면 그것이 하나님의 뜻이기 때문이다.

왜 우리는 자유가 있으나 그 자유로 악을 가리는 데 쓰지 말아야 하는가? 2장 16절에 따르면 우리가 하나님의 종이기 때문이다.

2장 17절에서 뭇 사람을 공경하며 형제를 사랑하며 왕을 존대하라는 명령을 받을 때 우리는 그것이 조건 없는 사랑과 공경과 존대라는 의미임을 이해한다. 우리가 존대하고 사랑해야 하는 상대에게 그런 대우를 받을 자격이 없을 수도 있기 때문이다.

왜 사환들은 선하고 관용하는 주인뿐 아니라 까다로운 주인들에게도 존경을 보임으로써 순종해야 하는가? 2장 18~19절을 보면, 그것이 하나님 앞에 아름답기 때문이다.

왜 믿는 자는 사람들 앞에서 선을 행해야 하는가? 2장 20절에 의하면, 그것이 그리스도의 본을 따르는 방식이기 때문이다.

그렇다면 행실을 선하게 가지는 것과 관련하여 베드로가 아내들에게 주는 충고는 무엇인가? "아내들아 이와 같이 자기 남편에게 순종하라"로 시작하는 베드로전서 3장 1절을 보라. '이와 같이'라니, 대체 어떻게 하라는 말인가? 위에서 언급한 이들, 곧 왕과 총독, 다른 믿는 자들, 주인들에게 순종해야(존대해야) 하는 것과 같이 하라는 말이다(베드로전서 2장 13~18절을 복습하라). 3장 1~2절에 따르면 왜 아내는 불순종하는 남편들을 얻기 위해 순종적인 행동을 해야 하는가? 그녀의 이런 행동과 태도가 하나님 앞에 귀중하기 때문이다.

이제 처음에 제기했던 질문으로 돌아가보자. 베드로전서 3장 2절은 아내가 불순종하는 남편의 마음을 얻는 것이 존경하는 행위(NASB)를 통해 가능하다고 말하는가, 아니면 하나님을 향한 경건(NIV)을 통해 가능하다고 말하는가? 이런 선택을 하라는 질문을 받을 때 나는 동전의 양면이라는 측면에서 이야기하는 것을 좋아한다. 즉, 믿는 아내가 하나님 앞에 경건할 때 그녀의 행위는 남편에 대한 존경으로 번져나간다. 그리고 아내가 남편에게 존경하는 행위를 할 때 그것은 하나님을 향한 경건, 즉 베드로전서 2장의 후반부 전체를 통해 베드로가 말하고 있는 행실을 선하게 가지는 것으로 드러난다!

베드로전서 2장 12절부터 3장 7절의 전반적인 어조와 메시지는 행실을 선하게 가지고 하나님을 향해 경건한 태도를 보이라고 말하는데, 그럴 때 복종은 무조건적인 존경으로 드러날 것이라고 가르친다.

두 가지 수준의 용서

— ◦◦◦◦ —

'관계의 악순환'에 들어선 커플을 상담하면서, 용서에도 두 가지 수준이 있음을 이해한다면 많은 부부에게 도움이 되겠다는 생각이 들었다.

첫째, 자신의 개인적인 선호와 달라서 발생하는 일에 대해 용서하는 것이다.

둘째, 도덕적 일탈을 저지른 일을 용서하는 것이다.

우선은, 상대방과 선호도가 달라서 개인적으로 마음이 상한 경우에는 어떻게 용서해야 할까? 구체적으로 몇 가지 예를 들어보자.

- 남편은 정리와는 별로 인연이 없고 깔끔함과도 거리가 먼 반면, 아내는 모든 것을 깔끔하고 깨끗하게 해놓는 것을 중요시한다.
- 아내는 연료를 가득 넣은 상태에서 운전하는 것을 선호하는 반면, 남편은 평소에도 모험적인 성향이라 연료 부족 경고등에 빨간불이 들어왔는데도 30킬로미터를 더 달리곤 한다.
- 남편은 '여유 자금'이 생기면 저축하는 것을 좋아하지만, 아내는 기회를 봐서 써버리려고 한다.

이런 일은 전부 개인적인 선호와 관련된 것들이다. 배우자가 자신과 다른 선호도를 가진 것을 참지 못하고 화를 내기 시작할 때 문제가 터진다.

개인적 선호의 문제인데, 그것을 마치 도덕적 일탈처럼 취급하는 것이다. 그 논리는 이런 식이다. "당신이 나한테 신경도 안 쓰고 나를 중요하게 생각하지도 않으니, 당신은 틀렸어요."

사소한 개인의 선호도 문제를 마치 도덕적인 문제인 양 침소봉대한 것이다. 하나님도 우리가 이러한 문제로 갈등을 겪는다는 사실을 알고 계신다. 사도 바울도 영감을 받아 이런 종류의 문제를 어떻게 다룰 것인지에 관한 유용한 원리를 기록했다(가령 로마서 14장과 같은 말씀을 보라). 하나님의 원리를 무시하면서, 개인적인 선호를 기준 삼아 억울해하고 용서하지 못하는 마음을 갖는다면, 당신의 성격적 결함을 드러내는 것일 뿐이다. 위의 사례에서 남편이 청결함에서 자신만의 기준을 갖고 있다고 해서(즉, 다소 덜 깔끔하게 사는 것에 만족한다고 해서) 그를 악하다고 볼 수는 없다. 또한 아내가 당신만큼 검소하지 않고, 쇼핑을 좋아하여 소비 습관이 약간은 느슨하다고 해서 그녀가 '헤픈' 여자임을 뜻하지는 않는다. 이런 일에 화를 내고 상대방을 용서하지 못할 정도로 속상해하는 것이 오히려 독선적인 행동이다.

부부를 상담하다 보면 이런 문제 때문에 힘들어하는 여성이 있다. 남편의 엉성한 성격 때문에 화가 나는 것이다. 상황을 호전시키기 위해 어떤 일을 해야 하는지 묻는다. 하지만 개인적인 선호의 차이로 인해 의견 충돌과 토론, 심지어 화가 나는 것은 어찌 보면 당연하다. 해질 때까지 그 화가 지속되지만 않는다면 말이다(엡 4:26~27 참고).

부부가 진심으로 본책의 원리와 비법을 실천한다면 그들은 어떤 의견 충돌도 극복할 수 있을 것이다. 남편이 그리 깔끔하지 못할지라도 아내를 더 사랑하려는 과정에서 어느 정도는 개선될 수도 있고, 씀씀이가 큰 아내도 남편을 더 존경하려는 마음에서 변화되려고 노력할 수 있다.

이때 한 명이 계속해서 화를 내고 용서하지 못하는 일이 있어서는 안 된다. 특정한 방식으로 행동하는 배우자로 인해 속상할 수는 있지만, 그에 대해 따지고 억울해하는 것은 지나친 처사다. 다시 한 번 말하지만, 개인적 선호와 도덕적 일탈은 다른 것이다. 진짜 잘못이 아닌 것에 성을 내다 보면, 결혼생활에서 정작 중요한 사랑과 존경이라는 선순환 고리를 견고히

할 수 없다.

다른 수준의 용서에 관해 살펴보자. 정말로 도덕적 일탈이 확실한 잘못을 용서하는 문제에 대해서는 어떻게 할 것인가? 개인적 선호가 다른 것과 '도덕적 일탈'의 범주에 들어가는 것은 어떤 차이가 있을까? 내 생각에는 의식적이고 고의적으로 저지르는 죄들이 이런 종류라고 생각한다. 신약성경에서 이런 죄를 특정하여 다룬 말씀은 없지만, 갈라디아서 5장 19~21절에 보면 바울이 음행과 우상 숭배와 술 취함 같은 죄를 언급하면서 그 긴 목록의 끝에 "또 그와 같은 것들"이라고 언급한 것을 볼 수 있다. 그는 모든 죄를 빠짐없이 나열하기보다는 몇 가지 예를 대표로 소개했던 것이다. 즉, 바울은 하나님의 마음을 슬프시게 하고, 배우자에게 깊은 상처를 주는 육체(육체의 소욕, 갈 5:16~17 참고)에 따른 것들에 대해 말했다.

당신이 배우자의 잘못으로 인해 상처를 입었다면, "그와 같은 것들"에 대해 어떻게 대응하겠는가? 무엇보다 먼저 바른 마음으로 그와 같은 죄를 직면해야(confront) 한다. 예를 들어, 배우자의 외도 사실을 알게 되었다고 해보자. 정신이 멍해질 정도로 충격을 받아 화가 많이 나겠지만, 계속해서 그런 원한과 경멸의 마음을 간직한 상태에서 배우자를 대하면 안 된다. 그런 식으로 앙심을 품게 된다면 길 잃은 배우자를 회복시키는 일에서 하나님의 도구가 될 수 없기 때문이다.

잘못을 저지른 배우자의 죄와 맞설 때는 마음이 부서질 것 같을지라도 존경하고 용서하는 정신이 필요하다. 용서하는 정신을 가진 사람은 "당신이 내게 치명적인 충격을 주었지만, 나는 원한을 품고 경멸하는 영혼이 되지는 않겠어요"라고 말한다.

"하지만 그렇게 나긋나긋하게 나오면 그 사람은 회개를 안 한다니까요!"라며 항의하는 사람이 있을지도 모르겠다. 이 사람은 마치 계속해서 화를 내면 배우자가 회개하게 되는 것처럼 생각하고 있다. 하지만 이렇게 해서는 하나님의 거룩한 목적을 달성할 수 없다. 당신이 진실하고 겸손한 태도로 사실을 보여주면서 죄에 맞설 때 상대방은 비로소 회개로 향한다.

이런 의문이 들 수도 있다. "제가 그렇게 했을 때 배우자가 여전히 회개하지 않고 오히려 저더러 비판적이고 용서하지 않는 사람이라고 비난하면 어쩌죠?" 회개하지 않는 배우자들이 그렇게 나올 때가 종종 있다. 그들은 이런 식으로 말한다. "당신은 너그럽지 못하고 독선적이야. 그런 일로 날 계속 판단하니 말이야!" 잘못을 행한 그(녀)는 이런 말로 경건한 배우자를 부끄럽게 한다. "내가 그(녀)를 용서했고 판단하지 않는다는 것을 증명하려면 이제 배우자의 부정을 정직하게 직면해서는 안 되는 건가?" 하지만 우리는 이런 종류의 조작에 속아 넘어가지 말아야 한다. 그(녀)는 계속해서 그 문제를 가지고 맞서되, 다만 용서하는 태도를 고수해야 한다.

여기서 "만일 네 형제가 죄를 범하거든 경고하고 회개하거든 용서하라"라는 누가복음 17장 3절 말씀으로 질문을 해오는 사람이 있다. 배우자가 회개하기를 거부한다면 어떻게 할 것인가? 예수님도 그(녀)가 회개하지 않는 한 용서할 필요가 없다고 말씀하고 계신 것이 아닌가? 아주 좋은 질문이다. 이 질문에 대한 나의 답변은 이렇다.

예수님이 이 말씀에서 가리키는 용서의 종류(더 이상 맞서거나 경고하지 않는 것)는 다른 많은 구절(예를 들어, 마 18:21~35)에서 예수님이 가르치신 용서의 정신과는 차이가 있다. 상처받은 배우자는 (마음에서 우러나온 용서의 정신으로) 잘못을 행한 배우자를 용서할 수 있지만, 여전히 그(녀)가 회개할 때까지는 상대방의 죄와 맞서야 한다. 용서의 정신을 가진다는 것은 "나는 용서의 정신을 가졌으니 이제 더 이상 당신의 외도와 알코올 중독에 맞서지 않겠어요. 그러니 당신은 계속해서 죄를 지으세요"라는 의미가 아니다. 예수님은 당신이 그렇게 어리석거나 무신경한 사람이 되기를 바라지 않으신다. 그분은 당신이 계속해서 관심을 가지고 상대방의 죄와 맞서기를 원하신다. 다만 사랑하고 존경하는 마음으로 말이다.

예를 들어, 아내의 알코올 중독에 대해 남편은 용서하는 마음으로 그녀를 대해야 하지만, 진정 아내를 위한다면 그녀의 죄와 직면하고 그에 따른 결과를 계속 지켜보아야 한다. 용서한다는 것이 죄를 봐준다는 말은 아니다. (알코올 중독자들이 흔히 그러듯) 그 아내는 자기가 변했다고 하겠지만 아마 그녀는 다시 입에 술을 댈 것이다. 이때 남편은 "여보, 난 당신을 사랑하고 용서하지만 당신을 신뢰할 순 없어"라고 말해야 한다.

용서와 신뢰의 차이를 구분하는 것이 중요하다. 사실 회개에는 반드시 행동과 태도의 변화가 뒤따라야 한다. 바울은 자기의 말을 듣는 이들에게 "회개하고 하나님께로 돌아와서 회개에 합당한 일을 하라"고 가르쳤다(행 26:20). 죄인이 진심으로 죄의 모퉁이에서 돌아섰다면, 그런 회심에 대한 증거가 반드시 있어야 한다. 그런 '열매'가 분명히 보인다면, 배우자는 용기를 얻고 하나님께 감사해야 한다. 물론 '재발'에 대한 두려움은 항상 따라다니지만, 그렇다고 해서 그 두려움이 상황을 지배하도록 두어서는 안 된다. 잘못을 저지른 배우자가 회개하고 진정한 행동의 변화를 보인다면, 그때는 상대방을 완전히 용서해주어야 한다. 배우자의 얼굴을 볼 때마다 더 이상 존재하지도 않는 예전의 죄를 생각하면서 맞서서는 안 된다는 말이다. 그때부터는 더 이상 과거 속에 머물지 말고 미래를 바라보아야 한다.

그러나 안타깝게도 극심한 죄를 범한 배우자의 죄를 '용서'한 듯 보였던 피해자가 결국 상대의 죄보다 더 큰 죄를 저지르는 경우가 있다. 나는 이런 일을 수년간 자주 보아왔다. 죄를 저지른 사람은 회개하고 겸손하게 나아오는 데 반해, 피해를 입은 쪽은 계속해서 가차 없이 심문하고 정죄하는 태도로 일관하는 것이다. 예를 들어, 외도한 남편은 자신의 잘못을 회개하면서 하나님과 아내의 용서를 구하여 이제 하나님과의 관계가 회복되었는데, 아내는 여전히 억울해하고 그를 비판하며 등을 돌리며 사는 경우가 그렇다. 남편은 그리스도께로 돌이켜서 최선을 다해 관계를 회복하려고 애쓰는데, 아내는 자녀를 포함해 주위 사람들에게 남편에 대한 험담을 계속 늘어놓는다.

물론 회개했으나 용서받지 못한 사람보다는 아예 회개를 거부하거나 회개한다고 말만 하고 '그에 합당한 일'을 하지 않는 사람이 더 많다. 알코올 중독에 빠진 아내의 사례를 보자. 남편은 아내를 용서할 수는 있지만, 그렇다고 해서 아내가 술집에 가도 상관하지 않거나 집 안에 혼자 있게 둘 수는 없다. 현재 아내는 중독자로, 알코올에 관한 한 신뢰할 수 없는 사람이다.

남편은 "나는 당신을 사랑하지만, 지금 당신은 재활 센터에 가야 해. 혼자 중독과 싸우기에는 당신은 지금 너무 약해"라고 말해야 한다.

용서를 베푸는 것과 잘못을 저지른 배우자를 위해 특정한 조치를 취하는 것은 모순된 일이 아니다. 누군가를 용서한다고 해서 아무 변화 없이 모든 것을 이전처럼 유지시킨다는 의미는 아니기 때문이다. 예를 들어, 아내는 비서와 바람을 피운 남편을 용서할 수 있지만, 그렇다고 해서 남편이 그 비서와 계속 일을 할 수 있는 것은 아니다. 남편은 회개에 합당한 열매를 맺음으로써(마 3:1~10 참고) 자신이 진정으로 회개했으며, 앞으로 아내에게 충성하겠음을 증명해야 한다.

내가 아는 어떤 남자는 직장 동료와 바람을 피운 후 자신이 취할 수 있는 유일한 행동은 '사직'이라고 판단하고 그렇게 실천했다. 더 이상 유혹을 받지 않기 위해서였지만, 아내에게 자신의 회개가 진심임을 드러내기 위한 목적도 있었다. 그는 아내가 자신을 진정으로 용서한 사실도 알았으나, 신뢰를 재건해야 한다는 사실 앞에서도 눈을 감지 않았다. 그것을 입증할 책임은 아내가 아닌 그에게 있었다. 15년이 지난 지금 이 부부는 완전히 회복되었다. 남편이 일을 그만두었을 때 일시적으로 재정적 어려움이 있었지만 하나님은 그의 결정을 인정하셨다. 현재 그는 자기 회사를 경영하면서 진심으로 일을 즐기고 있다. 그와 아내는 어느 때보다도 서로를 사랑하며 지역교회에서 자기 몫을 다하고 있다.

반면 아내가 남편의 죄에 맞섰으나, 남편이 회개를 거부한 경우라면 어떻게 해야 할까? 베드로전서 3장 1~2절은 아내들에게, 순종하지 않는 남편에 대해서는 "말로 말미암지 않고 그 아내의 행실로 말미암아" 구원을 얻게 하라고 말한다. 베드로는 아내의 힐책하는 말이 순종하지 않는 남편을 오히려 물러서게 한다는 것을 잘 알았다. '불과 유황'과도 같은 아내의 설교는 믿지 않는 남편을 더욱 돌아서게 할 뿐이다. 인간적인 관점에서 본다면, 말하지 않고 행실만으로 남편에게 영향을 준다는 개념은 있을 수 없는 일이다. 특히 지속적으로 상처를 입어온 아내라면 말이다. 그러나 하나님의 계시에 순종하지 않을 도리가 있을까? 남편이 그런 식으로는 듣지 않는다는 사실이 확실하다면 아내는 맞서는 것을 멈추어야 한다. 대신 하나님이 남편의 죄를 물으실 것을 믿으며 조용하고 온화하게, 존경과 용서를 담은 정신으로 움직여야 한다.

남편이 회개하지 않고 지속적으로 동일한 죄를 반복할 때에도 아내는 끝까지 참고 조용하게 지내야 한다고 성경은 가르치는가? 그렇지 않다. 도를 넘어 행동한 쪽에서 회개하고 불륜 관계를 끊기를 거부했다면 이혼은 불가피하다(마 5:32, 19:9 참고).

신체적인 학대는 어떨까? 학대받는 배우자도 용서하는 마음을 가질 수 있지만, 당장에는 서로 떨어져 지내는 것이 필요하다. 학대받는 상황을 견디면서 자신의 용서를 '증명'할 필요는 없다. 그런 선택은 치명적인 결과를 불러온다. 나는 학대받는 아내들을 상담할 때 폭력적인 남편으로부터 아이들과 함께 완전히 떨어져 있으라고 조언한다. 모든 공동체에는 학대받는 아내를 도울 준비가 된 사람들이 있다.

각자가 어떤 상황에 처해 있는지는 모른다. 하지만 내가 믿기로는 성경을 신뢰하는 교회라면 어디에서나 거룩한 지혜로 당신을 도울 수 있는 사람이 적어도 한 명씩은 있다고 확신한다. 바울도 같은 말을 했다. "너희 가운데 그 형제간의 일을 판단할 만한 지혜 있는 자가 이같이 하나도 없느냐"(고전 6:5). 하나님은 우리가 그런 사람을 찾아 도움을 구해야 한다고 말씀하신다. 아이들을 위해서, 당신 자신과 하나님의 영광을 위해 그런 지혜자를 찾으라! 하나님께서 당신의 발걸음을 인도해주실 것이다.

목회자만 이런 일들을 할 수 있다고는 생각하지 말라. 물론 목회자나 장로가 그 사람일 수도 있지만, 그 밖의 다른 사람이 이런 일에 적합할 수도 있다. 방문했던 교회마다 행복한 결혼생활을 하는 소수의 신실한 사람을 만났다. 그들은 큰 위기에 봉착한 사람을 도울 준비가 된 겸손한 종들이었다. 기본 원칙은 간단하다. "제 배우자가 실족하여 죄를 지었어요. 우리의 결혼을 회복시켜줄 하나님의 지혜가 필요합니다. 이 문제를 만드는 데 힘을 보탠 제 자신에 대해서도 직시하고 싶습니다. 또한 올바른 정신으로 배우자의 죄를 직면하고 싶어요. 저를 좀 도와주시겠습니까?"

마지막으로 기억해야 할 것은, 예수님이 우리에게 이렇게 하라고 가르치셨다는 것이다. 인간적으로 말하자면, 죄를 짓고 바람을 피운 배우자가 그 죄에 직면하려는 우리에게 긍정적으로 반응할 것이라고 생각하기가 쉽지 않다. 하지만 나는 하나님의 말씀에 순종할 때 죄를 깨닫게 하는 하나님의 능력이 역사하는 것을 경험했다. 믿음으로, 그리고 용서와 사랑과 존경의 정신으로 나갈 때 하나님이 일하신다. 잘못을 저지른 한 사람의 죄를 두고 배우자와 내가 직면했을 때 그는 내게 "박사님이 교회에 대한 제 신뢰를 회복시켜주셨어요"라고 말했다. 이 사람은 자신에게 일어난 일들의 진정한 의미를 알아채고, 자신이 교회에 발붙일 수 있도록 충분히 신경을 써준 것을 감사해했다.

사랑하는 마음으로, 그러나 단호하게 죄에 맞섰을 때 사람들은 양심의 가책을 느꼈다! 이때 겉으로는 무관심을 보이거나 반항적으로 행동할 수도 있지만, 그(녀)의 영혼 안에서는 무슨 일이 일어나고 있을지 우리는 알 수 없다. 헌신된 그리스도인이 서로를 격려하는 성경공부 소그룹에서는 이런 일이 참 많이 일어난다. 이것이 가능한 이유는 하나님께서 우리에게 그렇게 하라고 말씀하셨고, 또한 우리가 그 명령에 순종할 때에 뒤에서 지원하시기 때문이다.

에베소서 5장 21절:

아내가 남편에게 순종할 필요가 없다고 하는 말씀인가?

— ∞ —

"그리스도를 경외함으로 '피차' 복종하라"라는 에베소서 5장 21절 말씀은 "아내들이여 자기 남편에게 복종하기를 주께 하듯 하라"라는 22절 말씀을 무효로 만들지 않는다. 본책 17장에서 나는 '복종'으로 번역된 헬라어가 '후포타소'(hupotasso)임을 지적했다. 이 단어는 지위나 위치에서 '아래쪽'을 지칭하는 복합어다.

에베소서 5장 23~24절에서 바울은 왜 아내가 남편보다 '아래의 지위' 혹은 '아래의 위치'에 있어야 하는지를 설명한다. "남편이 아내의 머리 됨이 그리스도께서 교회의 머리 됨과 같음이니 … 그러므로 교회가 그리스도에게 하듯 아내들도 범사에 자기 남편에게 복종할지니라." 바울은 그리스도께서 교회에 대하여 권위를 갖고 있듯, 남편도 아내에 대하여 권위를 가지고 있다고 단호하게 말한다. 그러나 가장 중요한 것은 남편의 권위는 사랑으로 말미암은 것이며, 그리스도를 닮은 책임감에 바탕을 두고 있다는 사실이다. 그리스도께서 교회를 사랑하시고 자신을 주셨던 것처럼, 남편 역시 필요하다면 기꺼이 아내를 위해 죽을 수 있어야 한다(엡 5:25~29 참고).

하나님께서 남편에게 일차적인 책임을 맡기셨기 때문에 일차적인 권위도 함께 부여하신 것이다. 에베소서 5장 어디에도 아내를 남편의 머리로 부르셨다는 말은 찾을 수 없다. 남편을 위해 그리스도처럼 죽을 수 있어야 한다고 청하는 부분도 없다. 이 말씀에는 이런 종류의 '상호성'이 나와 있지 않다. '상호 복종'에 대한 그 어떤 가르침이 있다 할지라도, 하나님이 남편에게 부여하신 권위와 책임을 부정해서는 안 된다. 아내가 "우리는 평등해요. 부부는 똑같이 서로에게 복종해야 해요"라고 말하며 항의한다면, 그녀는 남편에게 좌절을 안겨주게 될 것이다. 남편이 하나님 앞에서 받은 일차적인 책임을 무시하는 것만큼 큰 모욕과 경멸처럼 다가오는 행동은 없다. 정치적인 중립을 지키려는 사람들은 "남자가 어떻게 느끼는지가 뭐 그리 중요해요? 그건 알아서 극복해야지요!"라고 하겠지만, 지혜로운 아내는 선한 마음을 가진 남편이 어떻게 느끼는지에 신경을 쓸 뿐만 아니라, 이것이 하나님이 그를 만드신 방식임을 이해하고 자신과 가족을 이끌고 보호해야 하는 그 엄청난 일을 잘해낼 수 있도록 남편을 도우려 할 것이다. 이렇게 그녀는 스스로 남편의 권위 아래 들어가 그의 보호를 누린다.

남편이 전반적으로 더 큰 권위를 가지고 있긴 하나, 적어도 두 가지 영역에서는 아내에게 특수한 권위가 있음을 기억해야 한다. 첫째, 성경은 남편이 성적인 영역에서 아내의 권위에 복종해야 한다고 가르친다. 고린도전서 7장 4절에서 바울은 "아내는 자기 몸을 주장하지 못하고 오직 그 남편이 하며 남편도 그와 같이 자기 몸을 주장하지 못하고 오직 그 아내가 하나니"라고 적었다. 다시 말해, 성적인 영역에서 아내가 대부분 시간 동안 남편의 몸에 대한 권위를 갖고 있다는 것이다. 이때 남편은 하나님이 아내에게 주신 권위와 권리, 혹은 필요에 복종해야 한다. 예를 들어, 가끔씩 아내가 남편을 성적으로 필요로 하는 때가 있다면, 그때 남편은 성적 친밀감이라는 아내의 요청에 복종해야 한다. 혹은 아픈 아이들을 돌보느라 끔찍한 하루를 보낸 후 피곤하여 적어도 그날 밤만은 잠자리를 같이하고 싶지 않다면, 아내를 사랑하는 남편은 그런 아내의 요청에 복종해야만 한다.

하지만 고린도전서 7장 4절은 남편이 성적인 영역에서도 아내에 대하여 권위를 갖고 있다고 말하는 구절이 아닌가? 확실히 그렇다. 두 사람이 서로의 몸에 동등한 권위를 갖고 있다면 실제로 이것은 어떻게 작용하는 것일까? 나는 이런 경우 성경이 두 사람에게 서로의 권위와 필요에 '상호 복종'할 것을 명하고 있다고 생각한다. 두 사람이 동등한 권위를 갖고 있기에 상호 복종해야 한다.

이것은 실현 불가능한 신비로운 생각일까? 간단히 설명하자면, 우리는 균형을 유지해야 한다(절충점을 찾아야 한다). 이 두 가지가 꼭 '동시에' 일어나야 하는 것은 아니다. "존경하기를 서로 먼저" 하려면(롬 12:10) 어떻게 가능한지 그 방법을 고민해보라. 사랑과 존경의 원리를 실천하는 부부라면 두 사람이 모두 받아들일 만한 성관계 패턴을 정할 수 있을 것이다. 바울은 각 부부가 이 상호 복종의 영역에서 하나님이 두 사람을 인도하실 것이라는 확신을 가지고 고린도전서 7장 4절을 각자의 방식대로 실천할 수 있도록 여지를 남겨두었다.

우리는 지금 어떤 대가를 바라면서 '결혼 게임'을 하는 게 아니다. 당신은 결혼생활을 그리스도에 대한 경외를 실천하는 '연구실'로서 사용하고 있다. 긴장된 상황이 발생할 때에도 언제나 당신을 도울 수 있는 분이 있다. 그분은 그리스도를 경외하려고 노력하는 당신을 도와 힘든 시간을 이겨낼 수 있도록 항상 옆에 계신다.

예를 들어, 만족할 만큼 성관계를 갖지 못하고 있다고 생각하는 한 남편을 상담한 적이 있었다. 그의 아내는 규칙적으로 섹스를 하는 것에 혐오감을 느끼는 듯했고, 이것은 그 부부에게 큰 문젯거리였다. 나는 그에게 좌절감이 들 때면 하나님을 신뢰하며 경외하고, 아내가 성적으로 반응해오지 않을 때라도 변함없이 그녀를 한 사람으로 사랑하라고 조언했다. 기도와 사랑이 이루어내는 일을 볼 때마다 얼마나 놀라운지! 그들의 성적 친밀함은 현재 그 어느 때보다도 좋다. 존경이나 사랑을 받지 못한다고 느낄 때 당신에게도 그런 일이 일어날 수 있다. 하나님을 경외한다면 말이다.

남편이 복종을 실천할 수 있는 두 번째 방법은 본책의 근간이 된 에베소서 5장 33절 말씀, 즉 "너희도 각각 자기의 아내 사랑하기를 자신같이 하고 아내도 자기 남편을 존경하라"에 간접적으로 나와 있다. 나는 사라와의 결혼생활을 통해 그녀를 사랑하는 것이 늘 편하고 쉽지만은 않다는 것을 배웠다. 특히 존경받지 못한다고 느낄 때에 그랬다. 때문에 그런 순간에 사라를 사랑하기 위해 나는 사랑을 원하는 사라의 욕구에 복종하기로 선택해야 한다. 그런 식으로 나는 하나님의 명령에 복종하고 그리스도를 경외하는 것이다. 마찬가지로 사라 역시 나를 존경하는 것이 늘 쉬운 일은 아니다. 자신이 사랑을 받지 못하고 있다고 느낄 때면 더욱 그렇다. 그럴 때 나를 존경하기 위해 사라는 존경을 원하는 나의 욕구에 복종하기로 선택해야 한다. 사라가 내게 존경을 보이는 것은 곧 하나님의 명령에 복종하고 그리스도를 경외하는 행동이다.

에베소서 5장 21절에서 바울이 우리에게 피차 복종하라고 명령하고, 그 다음 곧바로 남편과 아내에게 각각 사랑과 존경을 가르치셨기 때문에 나는 사랑과 존경이 상호 복종하는 일의 일부라고 믿는다. 예를 들어, 심각한 의견 대립이 있을 때 사라와 나는 서로에게 사랑과 존경을 줌으로써 (여전히 의견차가 심한데도 불구하고) 상호 복종할 수 있다. 가령 집에 보안 시스템을 설치할 것인지, 아니면 건강보험료를 더 낼 것인지를 두고 의견이 갈라졌다고 하자. 아내는 보안 시스템을 원하고 나는 보험을 원한다. 우리가 각자 입장을 내세우더라도 사랑을 느끼고 싶어 하는 사라의 욕구를 내가 충족시켜준다면 그 '갈등'은 적개심으로 악화하지 않는다. 나는 집안일에서는 이미 90퍼센트 이상 아내가 원하는 대로 따라가고 있지만, 이런 경우에는 특정 시점에 내게 적용되는 보험 범위가 위험할 정도로 좁아지기 때문에 건강 보험료를 더 내야 한다고 느낀다. 하지만 결정을 내릴 때 나는 여전히 사랑이라는 사라의 욕구에 복종해야 한다. 선택을 내리면서 미워할 필요가 없다. 사라 역시 존경의 정신을 잊지 않는다. 사라는 실망스러울지라도 나와 내가 내린 결정을 존중한다. (결국 몇 달 후 우리는 보안 시스템을 설치했고, 둘 다 만족했다.)

"하지만 우리 부부는 달라요. 저는 보안 시스템을 설치하고 싶어 하는데 남편은 골프채 한 세트를 새로 사고 싶어 하죠. 당신 이론에 따르면, 남편은 매달 우리 동네에 범죄가 발생한다 해도 집에 보안 시스템을 설치하는 일에는 관심이 없을 거예요. 평생 그의 잘못된 결정을 수용하며 살아야 한다고요? 그건 옳지 않아요." 이렇게 말하는 소리가 들린다. 인정한다. 내가 들었던 사례는 결국 일이 좋게 마무리된 상황이다.

남편의 잘못된 결정을 받아들이며 살아가야 했던 아내도 많다. 사실 사라도 그렇다. 그리고 잘못된 결정에 복종하기가 쉽다는 말도 아니다. 하지만 길게 보면 그에 맞는 보상이 있을 것이다. 남편을 존경하지 않으며 반복해서 무시해온 아내도 많다. 거듭된 경멸은 남편에게 가닿고, 결국 그들은 아내에게 "알았어. 당신 마음대로 해"라고 말한다. 그러고는 뒤로 물러나 무관심하고 수동적이 된다. 나중에 아내들은 내게 찾아와 남편이 집안일에 왜 그리 무신경한지 모르겠다고 말한다.

요점은 이렇다. 남편이 몇 가지 결정을 잘못 내릴 수 있다. 하지만 이에 대해 아내가 차갑게 대하거나 모질게 하지 않고 남편의 결정을 받아들이고 잠잠히 있다면, 다음에 자신의 주장을 펴려고 할 때 보다 유리한 고지에 설 수 있다. 선한 마음을 가진 남편은 아내가 지속적으로 논리정연하게 존경 어린 모습으로 호소하는 것을 결코 무시하지 못한다는 것을 수천 커플을 만나오면서 목격했다. 아내가 존경을 담아 잠잠하게 자신의 입장을 남편에게 제시할 때 남편은 거의 이의를 제기하지 않는다.

진짜 문제는 지배하는 여성과 수동적이고 화가 나 있는 남편들이다. '계급'과 '권위'를 말할 때, 아내가 온전히 복종의 주체가 되어 현관 깔개처럼 지내야 하는 게 아니다. 오히려 아내가 존경하는 마음으로 복종할 때, 거기서 동기를 얻어 남편은 영적 지도자 역할을 포함한 모든 영역에서 가정을 이끄는 엄청난 과제를 수행할 힘을 얻는다.

사실 이는 아내도 진정 바라는 바이다. 지금껏 보아온 많은 부부의 경우, 아내의 권리를 부정하는 남편보다는, 아내가 복종하기를 거부하자 자신의 책임을 놓아버린 남편의 경우가 더 큰 문제였다. 아내가 존경 어린 마음으로 복종할 때 남편은 적극적으로 마운드 위에 올라, 아내가 바라고 기도하는 리더가 될 가능성이 훨씬 더 크다.

부부의 성관계에 대해:

문제의 핵심은 '섹스'가 아니다

— ⟨⟩⟩⟩ —

우리 주님은 성(Sex)을 거룩하고 즐거운 것으로 만드셨다. 하지만 수년간 상담을 통해 섹스가 주제로 나올 때마다 많은 커플이 입을 다무는 것을 목격했다. 결혼 세미나에서 성을 소재로 다룰 때에도 침묵이 청중을 무겁게 짓눌렀다. 섹스라는 주제를 들으면 적지 않은 사람이 타인의 시선을 의식한다. 남녀를 막론하고 많은 이들을 얼어붙게 만드는 사적인 주제이기 때문이다.

거두절미하고, 일반적으로 섹스와 관련된 '대화'가 이루어지는 침대를 생각해보자. 대체적으로 남편은 "당신이 애정을 원한다는 건 알아. 하지만 지금은 당신과 관계를 갖고 싶어. 그것도 무척" 하고 말한다. 이러면 아내는 구구절절이 이렇게 답한다. "(한숨을 쉬며) 알았어. 당신은 그렇게 해. 하지만 나는 별로 재미가 없어. 나도 여기서 뭔가를 얻어야 하겠지. 그렇지 않으면 나를 더 괴롭힐 테니 말이야."

많은 경우 대화는 이렇게 길게 이어지지도 않는다. 아내는 그냥 "싫어!"라고 말하고, 남편은 차갑게 식은 마음으로 내리 사흘을 돌담으로 지낸다.

우리는 그럴 필요가 없다. 성적 환희까지는 아니더라도, '지상 낙원'이라 부를 만한 상태로 들어가는 방법이 있다. 사랑과 존경 메시지는 두 사람이 서로의 선한 마음을 믿을 것을 요청한다. 누구든 장기적으로는 서로를 해치길 원치 않는다는 의미다. 하지만 섹스는 단기적인 문제다(적어도 많은 남편들에게는 그렇다). 선한 마음이 성적 갈등을 해결하는 데 어떻게 도움을 주는지 알려주고자 하니, 잘 들어보라.

남편인 당신이 충분한 성관계를 갖지 못하는 상태라고 느낀다면, 거기에 대해 무력감을 느끼거나 화를 내서는 안 된다. 그러지 말고, 아내가 당신을 향해 선한 마음을 가졌음을 믿으라. 아내가 가끔씩 화가 나서 당신을 받아들이지 않을 수는 있지만, 의도적으로 그렇게 하는 것은 아니다. 아내가 속좁게 행동하고 당신을 벌주려 한다고 해서 자동적으로 섹스에 무관심하다고 결론 내리지 말라. 문제는 그녀의 성욕이 당신보다는 적기 때문이다. 그리고 부분적으로는 그녀가 당신을 거부했을 때 당신이 보인 분노에 상처를 받았기 때문일 수도 있다.

지금은 아내에 대한 부정적인 믿음을 바꾸어야 할 중요한 순간이다. 아내의 성욕이 그리 크지 않은 것은 당신과는 무관한 일이다. 과거에 당신의 욕구를 만족시키지 못했을 때 아내에게 냉담하게 대했다면 용서를 구하는 것은 어떠한가?

성적 욕망이 크지 않은 아내는 남편에게 자기도 모르게 이런 식의 메시지를 보내고 있음을 유의해야 한다. '나만 바라봐. 하지만 나를 만지지는 마. 감정적으로 가까이 다가오는 건 괜찮지만 그 이상은 좀 곤란해. 그리고 내가 이렇게 좀 거리를 두더라도 나한테만 충실해야 해.' 이런 메시지가 남편에게는 어떤 영향을 미칠까? 그는 깊은 상처를 받고 고통스러워할 것이다. 최악의 경우는 다른 여자에게 갈 수도 있다.

지금까지 나는 남편을 섹스를 필요로 하는 존재로, 아내는 거기에 주로 무관심한 이로 그려왔다. '대체로' 그렇다는 말이다. 나는 일반적인 차원에서 이 주제를 다루고 있다. 나도 남편보다 섹스를 더 원하는 아내가 많다는 것을 안다. 하지만 20년간 상담을 해오면서 확인한 결과에 의하면 "아내는 원하지만 남편은 원하지 않는" 부부보다는 그 반대가 훨씬 많았다.

그래서 남편과 아내는 서로의 성욕을 채워주어야 한다고 가르친 고린도전서 7장 3절에 주목할 필요가 있다. 어떻게 하면 이렇게 할 수 있을까? 먼저는 두 사람이 "하나님이 나에게는 없는, 혹은 나와는 다른 방식의 욕망을 배우자에게 주셨다는 사실을(그렇게 창조하셨다는 사실을) 깊이 인정하겠는가?"를 물어야 한다. 즉, 아내는 "남편이 나보다 더 많은 성적 욕구를 갖고 있다"라는 사실을, 남편은 "아내에게는 성적인 만족보다는 애정과 감정적 결합이 더 필요하다"라는 사실을 받아들여야 한다.

두 사람이 여기에 '그렇다'라고 답할 수 있다면 성적인 부분에서 성숙으로 가는 큰 걸음을 뗀 셈이다. 성숙한 남편은 아내에게 애정과 관련된 욕구가 있음을 알아채고, 그녀를 완전히 이해하지는 못할지라도 그 욕구를 채워주기로 선택한다. 또한 성숙한 아내는 남편은 정기적으로 성적 해방을 필요로 한다는 사실을 인정하고, 비록 완전히 이해되지는 않더라도 그러한 필요를 만족하게 하기로 선택한다.

이제 남편에게 말해주고 싶은 중요한 사실이 있다. 나도 남자들 대부분이 만족스러울 정도로 성관계를 갖고 있지 못하는 상황임을 안다. 하지만 당신이 먼저 아내에게 솔직하고 그녀를 이해하며 충실하고 존중하기를 게을리한다면, 그것은 자기 무덤을 파는 것임을 알아야 한다. 아내는 당신의 요구를 들으려 하지 않을 것이다. "제발 내 욕구를 존중해줘"라고 아무리 말해도, '난 당신을 사랑하지 않아. 그저 당신을 즐기고 싶을 뿐이야'라고 들릴 뿐이다. 즉, 아내에게 당신의 성적인 욕구를 이해시키려 할 때 아내의 감정적 필요를 무시해서는 안 된다는 것이 핵심이다.

남편들이여, 기억하라. 당신의 성적인 욕구를 조리 있게, 사랑의 방식으로 이야기한다면 대부분 아내는 말뜻을 알아듣고 도우려 할 것이다. 다만 겸손하고 솔직하게 다가가야 한다. 선한 마음을 가진 아내들은 자기 남편의 이러한 욕구에 대해 알고 있으며, 일부러 성에 굶주린 상태에 몰아넣으려 하지는 않는다.

'그렇다면 왜 아내는 나와 자주 관계를 갖지 않는 거지?' 십중팔구 남편은 이렇게 반문한다. 아마 당신이 섹스라는 문제에서 일관되게 온화하고 온유한 모습을 보여주지 못했기 때문일 것이다. '온유함'이 남자와 어울리는 것 같지 않다면 모세를 생각해보라. 그는 누구보다도 '온유'했지만 또한 완전히 남자다운 사람이었다(민 12:3 참고). 아내와 이야기할 때 당신은 그녀의 예상만큼 부드럽지 못했던 것이다. 잠시 동안은 그런 모습을 보일 수 있지만 곧 좌절과 분노를 분출하고 만다. 인내심을 갖고 일관되게 C-O-U-P-L-E 원리를 실천하고 선한 마음을 가진 아내에게 어떤 일이 일어나는지 지켜보라. (이 말이 아내에게도 적용되는지 직접 물어보라.)

대부분 아내는 남편과 감정적으로, 성적으로 결합하기를 원하지만 하나님은 그들이 섹스를 생각할 때마다 군침을 흘리도록 만들지는 않으셨다. 같은 사람이라 해도 매달 다른 때보다 성적 충동을 덜 느끼는 시기가 있다. 그렇지만 일반적인 부부라면 한 달 중 대부분 시간에 건강하고 만족스러운 성관계를 즐길 수 있다고 믿는다. 하나님은 남자와 여자가 서로를 만족시킬 수 있도록 만드셨기 때문이다(고전 7:3 참고).

이렇게 생각해보자. 남편은 최선을 다해 친밀하고 솔직하고 이해하는 마음으로 아내를 대하려고 하지만, 그렇다고 해서 아내가 항상 만족하는 것은 아니다. 남편이 언제나 그렇게 해주어야 한다고 생각하는 아내가 있다면 그런 비현실적인 기대를 버려야 한다. 타락 이전의 낙원에서나 가능했던 것을 누리겠다고 하는 꿈은 버려야 한다. 하지만 나는 모든 남편이 아내의 감정적 필요를 80퍼센트 이상은 채울 수 있다고 믿는다.

'80퍼센트'는 아내에게도 적용된다. 일반적으로 남편이 성적으로 상상하는 바를 100퍼센트 채워주는 아내는 없다. 그렇지만 나는 모든 아내 역시 80퍼센트 이상은 남편의 욕구에 응할 수 있다고 믿는다. 남편에게서 일관되게 진실한 사랑을 받을 때 아내 역시 성적으로도 응해올 것이다. 만일 남편이 아내에게 사랑을 보이는 데 실패했다면 그런 모습을 사과할 줄도 알아야 한다. "여보, 정말 미안해. 사랑을 보이지 못한 것을 용서해주겠어?" 전형적인 아내라면 이 말 한 마디에 마음이 녹아 섹스에 훨씬 더 마음을 연다. 물론 일이 항상 이렇게 확실하게 흘러가지는 않겠지만 내가 앞에서 한 말은 부부를 만족할 만한 성생활과 감정적 결합으로 이끄는 데 있어 순수하고도 단순한 지혜로 작용할 것이다.

섹스와 결혼에 관한 최근 연구를 통해 몇 가지 흥미로운 사실이 밝혀졌다. 성교에 대한 전통적인 관점은, 성적 욕구가 성적 흥분을 가져와 거기서 오르가즘이 비롯된다는 것이었다(욕구 → 흥분 → 오르가즘). 이 관점은 여전히 많은 부부에게 적용된다. 하지만 믿을 만한 최신 연구에서는 성욕이 비교적 크지 않은 사람들에게서 뭔가 다른 점을 발견했다. 성적 욕구가 먼저 생기기를 기다리는 대신, 섹스를 하기로 선택하면 그다음에 욕구가 따라온다는 것이다. 섹스를 하겠다고 결정하면 흥분하게 되고, 그것이 욕구로 이어진다고 말한다(섹스 → 흥분 → 욕구). 정리하자면 배우자와 섹스를 하기로 선택하고 나면 성적 욕구가 증가한다는 것이다.

전문가들은 "일단 시도해!"(Just Do It)라고 권한다. 평소에 별다른 성욕을 느끼지 못하더라도 '일단 시도하면' 성욕이 증가하는 놀라운 변화를 경험한다.[3]

"일단 시도해!" 접근법을 생각하면 고린도전서 7장 3절이 떠오른다. "남편은 그 아내에 대한 의무를 다하고 아내도 그 남편에게 그렇게 할지라." '의무'(duty)라는 단어 때문에 섹스가 기쁨이라기보다는 일종의 책무(obligation)인 것처럼 들릴 수도 있겠지만 사실은 그렇지 않다. 실제로 상대방을 향한 사랑과 하나님을 향한 경외에서 비롯된 우리의 '의무'를 다하려 애쓸 때에 좋은 일이 많이 일어난다. 남편의 성적인 욕구를 채워주는 것 역시 무의미한 의무처럼 느껴지기도 하지만, 그렇게 하면 아내에게도 큰 기쁨이 있다. 아내가 남편의 욕구를 만족하게 할 때 대부분 남편 역시 결국 아내에게도 합당한 반응을 보인다. 그리하여 두 사람이 모두 행복해진다.

핵심은 사실 '섹스'가 아니다. 진짜 문제는 아내에 대한 사랑이며, 남편에 대한 존경이다. 이를 위해 부부가 함께 애쓸 때 당신의 인생에서 섹스는 환상적인 부분이 될 것이다.

---

3)   R. Basson, "Using a Different Model for Female Sexual Response to Address Women's Problematic Low Sexual Desire," *Journal of Sex and Marital Therapy*, 2001, 27:295-403.

본문 추가 설명

1. 1단계 5번 질문

어떤 커플은 자기 부부에게만 문제가 있다는 생각에 좌절감이 크다. 극단적으로 "난 이상한 사람과 결혼했어!"라는 생각에 힘들어하는 배우자도 있다. 하지만 부부 문제는 어디서나, 누구에게든 닥치게 마련이다. 크고 작은 문제가 결혼생활에 몰아치더라도, 그런 상황을 비정상적이라고 생각하거나 자기만 그런 시절을 보내고 있다고 여기지는 말라. 실제로 수백만 쌍의 부부가 같은 문제로 씨름하며 살아간다는 사실을 알면 위안이 된다.

예를 들어, 어떤 선장이 선원들에게 큰 폭풍우가 다가오고 있음을 알린다고 해보자. 이것은 좋은 소식이 아니지만 이 소식을 들은 선원들은 마음을 침착하게 지키면서 파도에 대처할 준비를 한다. '다른 선원들도 이런 폭풍우를 만났을 때 잘 헤쳐 나왔어. 우리도 할 수 있어.' 이렇게 다짐한다. 결혼생활에서도 마찬가지다. 남편과 아내는 "수백만 쌍의 다른 부부에게도 비슷한 문제가 있지만 잘 해결해왔어. 우리도 그렇게 할 수 있어"라고 말하며 힘을 낼 수 있다.

결혼생활에서 일어나는 많은 문제를 다루기 위한 탁월한 조언이 필요하다면 에베소서 4장 26절을 주목하기 바란다. "분을 내어도 죄를 짓지 말며 해가 지도록 분을 품지 말고." 바울도 우리가 분을 낼 수도 있다는 것을 알았다. 경우에 따라서는 마땅히 가져야 할 감정임을 인정했다. 하지만 동시에 그는 경고를 덧붙인다. 너무 많은 분노나 잘못된 종류의 분노는 죄가 될 수 있다. 즉, '의로운 분노'라도 의롭지 않게 될 수 있는데, 특히 결혼 관계

안에서는 더욱 그렇다. 가령 아내가 내게 화를 낸다고 해서 이 결혼이 잘못되었다고 생각하는 게 과연 옳은 일인가? 내가 이 여자와 결혼한 게 실수였다는 생각이 들고, 다른 여자와 결혼했더라면 더 로맨틱했을 거라고 는 상상의 나래를 편다면?

반면 오해 때문에 아내가 화를 내는 것이라면 나는 인내심을 가지고 문제를 명확히 하려고 노력해야 한다. 이런 어려움이 발생하는 것이 특별한 일은 아니다. 우리 부부 사이에 잠재된 문제를 떠올리면 유쾌하다는 생각은 들지 않지만, 출구가 없는 듯 보이는 상황에서도 하나님은 길을 내실 것이라는 희망이 있기에 나는 계속해서 기뻐할 것이다.

2. 1단계 11번 질문

에베소서 5장 33절에서 바울이 헬라어를 사용한 방식을 보면 무척 흥미롭다. 간단히 말해, 그는 '아가페'(agape, 사랑)와 '포베타이'(phobetai, 존경)라는 두 헬라어를 명령형 문장에 사용했다. 분명히 하나님은 남편과 아내 모두에게 명령을 내리셨다. 그렇기 때문에 NIV 성경은 이 부분에 의심의 여지를 남겨두지 않았다. "그러나 너희도 각각 자기의 아내 사랑하기를(must love) 자신 같이 하고 아내도 자기 남편을 존경하라(must respect)."

하지만 슬프게도 어떤 사람들은, 에베소서 5장 33절이 아내에게 남편을 '조건적으로' 존경하라고 말한다고 해석한다. 아내가 사랑받는다는 느낌을 받은 후에야 남편에게 존경을 보일 수 있다는 것이다. 아내가 보기에 남편이 충분한 사랑을 보이지 않는다면 에베소서 5장 33절 후반부에 나온 하나님의 명령을 무시해도 괜찮다는 것이다. 많은 아내가 이런 식으로 말한다. "남편이 나를 먼저 사랑하면 나도 남편을 존경하겠어요. 내가 원하는 대로 남편이 나를 사랑하지 않는데 내가 그를 존경하는 건 참 바보 같은 일이죠."

솔직한 말이기는 하다. 하지만 그럴 바엔 차라리 가위를 꺼내 에베소서 5장 33절 후반부를 성경에서 잘라내는 편이 나을 것이다. 반대로 남편이 이렇게 말한다면 어떤 생각이 들겠는가? "주님, 저는 아내가 사랑스럽게 행하여 제 안에 자발적으로 사랑의 감정이 생겨나기 전까지는 아내를 사랑하라는 당신의 명령에 순종하지 못할 것 같습니다."

요점은 분명하다. 아내가 자신이 바라는 만큼 사랑스럽지 않더라도 아내를 사랑하라는 명령을 남편이 받은 것과 마찬가지로, 아내도 남편이 자신이 원하는 만큼 사랑을 표현하지 못하더라도 남편을 존경하라는 명령을 받았음을 명심하라.

3. 2단계 7번 질문

열 번째 결혼기념일 '생일카드'를 받은 아내가 보인 분노에 담긴 '암호'는 이렇게 풀어낼 수 있을 것이다. '당신이 날 정말 사랑했다면, 이런 식으로 일을 엉망으로 하진 않았을 거야!' 이에 남편이 방어적으로(사랑 없이) 반응하면서 보낸 메시지는 또한 이런 내용이었다. '이봐, 그렇게까지 화내지는 말라고. 내 마음은 진심이었어. 오히려 당신의 그 존경 없는 태도가 나를 너무나 좌절시켜!' (대부분 남편은 존경이라는 이슈를 언제나 의식적으로 떠올리지는 않는다. 평소에는 아마 그 필요성에 대해서도 인지하지 못할 것이다. 설사 의식적으로 알고 있다고 해도 자신의 필요를 아내에게 직접 말하는 것에는 큰 불편함을 느낀다.)

"당신 머리에는 그저 섹스 생각밖에 없지!"에 담긴 이야기에는 암호화된 메시지가 여러 개 나온다. 남편이 일주일간 여행을 하고 아내의 진한 키스를 바라며 집으로 돌아왔을 때 아내는 마음에 있던 모든 것을 속사포로 꺼내놓는다. 그녀는 이런저런 사소한 일과 문제에 묻혀 있었다. 그녀는 남편이 안심시키는 말과 행동으로 자신을 사랑하고 이해한다는 것을 보여주기를 바랐고, 내심 "어떻게 도와줄까?"라는 말을 듣고 싶어 했다. 하지만 남편은 존경을 받지 못했다고 느끼고 자기 메시지를 암호화해서 빈정거리는 말투로 아내에게 전했다. "일주일 만에 봐서 정말 반갑구려!" 그날 밤 침대에서 남편이 관계를 가지려 하자 아내는 "싫어요. 나 너무 피곤해요"라며 짧고 간단한 메시지를 보낸다. 하지만 그녀가 전하려 한 진짜 메시지는 딱 한 가지다. '내가 당신에게 사랑받는다는 느낌을 못 받았으니 당신도 나한테 따뜻하고 친밀한 반응일랑 기대하지 마!'

그 후에 암호화된 메시지가 몇 개 더 뒤를 잇는다. 남편은 아무 말 없이 돌아눕는데, 이때 그가 전하려는 메시지는 이런 것이다. '또다시 경멸을 당했군! 이제 내가 당신에게 사랑이 담긴 말을 해주는지 보라지.' 그러면 아내도 메시지를 하나 더 보낸다. '이렇게 둔한 남자를 봤나! 나는 지금 당신이 성적인 사랑이 아닌 그냥 사랑을 보여주길 원해. 그냥 나를 껴안고 내가 지난 주 얼마나 힘들게 있었는지 물어봐 줘!'

거기서부터 대화에 열이 오르고 진짜 감정이 수면으로 떠오른다. 남편은 자신이 집 안으로 걸어 들어올 때 아무런 '환영' 인사를 받지 못해 마음에 걸렸다는 것을 아내에게 말한다. 인사는커녕 아내로부터 불평과 다름없는 장황한 이야기를 들었고, 그녀는 이 험악한 세상에서 자신이 가족을 위해 애쓰는 것을 아주 당연하게 생각하는 듯 보인다. 경멸을 당했다고 느낀 그는 마침내 "난 그냥 돈 벌어다주는 기계야?"라고 말한다.

그러면 전혀 사랑받지 못한다고 느낀 아내는 한번 더 암호화된 메시지를 보내 자신의 좌절감을 드러낸다. 남편은 자신이 그동안 아이들과 어떻게 지냈는지, 집은 어땠고 학교는 어땠는지 한 번도 묻지 않았던 것이다. 그랬던 그가 마침내 그녀에게 관심을 보이는데, 이유는 단 한 가지다. 남편은 자신이 일주일 동안 집을 떠나 있었음을(그러니까 일주일 동안 섹스를 못했다는 것을) 알리는 말만 암호화된 메시지에 담아 전한다. 환영의 키스가 없다는 사실과 아내가 왜 '그렇게 빨리' 집에 왔는지 묻는 질문은 그에게는 그리 달가워하는 소리로 들리지 않는다.

4. 4단계 8번 질문

남편이 아내를 사랑하는 법을 '깨닫지' 못한 것 같더라도, 아내 편에서는 다음과 같은 세 가지 질문을 해보아야 한다. "그는 바른 마음을 가졌는가? 내가 그를 너무 가혹하게 판단하고 있지는 않은가? 진짜 문제는 내 존경이 부족한 것이 아닐까?" 어느 여성은 이런 편지를 보내왔다.

"제 남편은 저를 떠난 뒤에 전화도 받지 않고 애원하는 소리에도 묵묵부답이었어요. 21년간 저를 사랑하려고 노력했지만 결국 제 표정이나 말투,

존경이 담기지 않은 부정적인 행동을 감당할 수 없었던 거지요. 마침내 그는 제가 너무나 인색한 사람이었으며 다시는 그런 대우를 참지 않겠다고 말하더군요. 저는 큰 충격을 받고 몇 달 동안 그를 쫓아다녔어요. … 결혼 첫 달에 결혼반지를 빼고 남편의 얼굴에 침을 뱉었던 일을 포함해서 20여 년 동안 벌어진 수많은 사건들이 그에게 얼마나 큰 상처를 줬는지 모르고 있었어요."

이 아내의 편지에는 가슴 아픈 이야기가 담겨 있다. 이 남편은 21년간 아내를 사랑하려고 노력했다. 그는 자신의 역할을 알고 깨닫고 있었으나 아내의 경멸에는 "난 당신을 존경하지 않아, 이 바보야"라는 메시지가 담겨 있었고, 이에 결국 뒤로 물러나고 말았다.

5. 4단계 14번 질문

남편을 경멸하면서도 아내는 그것을 마치 솜방망이처럼 별 것 아닌 것으로 여길 수 있다. 그저 남편을 살짝 약 오르게 하여 그녀가 진짜 전하려 하는 메시지를 들려주려고 한 것이다. "나 상처 받고 있어. 제발 당신이 나를 가치 있게 여기고 사랑한다는 걸 확인시켜줘." 하지만 다른 남자에게 이와 똑같은 대접을 받았다면 그것은 얼굴에 벽돌을 맞는 것과도 같은 일이다! 아내의 경멸을 대하는 순간, 남편은 자신에게 이런 식으로 말하는 다른 사내를(그런 사람이 있긴 하다면) 떠올릴 수도 있다. 그러나 신의를 아는 남자라면 아내의 말에서 (벽돌에 맞는 것처럼 아플 수 있지만) 사랑을 청하는 그녀의 진정한 메시지를 들어야 한다.

6. 6단계 14번 질문

b를 선택했다 해도 걱정하지 말라. 이야깃거리는 얼마든지 있다. 남편은 대부분 그냥 듣기만 해도 된다.

c를 택했다면, 급한 일로 인해 정말로 중요한 것을 놓치지 않도록 주의해야 한다. 아내를 이해한다는 것은 아내와 대화한다는 말이다. 정말로 원한다면 시간을 낼 수 있다. 사라와 나는 그랬다.

d를 택했는가? 물론 이해하려면 느끼는 바도 있어야 한다. 특히 공감대 형성이 중요하다. 하지만 무엇을, 어떻게 느껴야 하는지를 알기 위해 부부는 대화를 해야 한다. 정기적으로 대화 시간을 정하는 것도 좋다. 어떤 커플은 매일 밤 20분이면 충분할 것이고, 또 어떤 커플은 일주일에 한 번씩 저녁 식사 시간이나 토요일 아침 시간에 대화하는 게 효과적일 것이다. 각자에게 적절한 스케줄을 짜보라. 여기서, 대화는 수단이며 진짜 목적은 '이해'하는 것임을 잊지 말라.

7. **7단계** 4번 질문

성경을 공부할수록 고린도전서 7장 3~5절이 결혼생활에 문제가 생기는 경위를 아주 잘 설명하는 구절이라는 생각이 든다. 사실 이런 문제는 하나님이 정해두신 원리라고 할 수 있다. 그분이 애초에 남자와 여자를 무척 다르게 만드셨기 때문이다. 하나님은 두 사람의 관계를 돈독히 하는 도구로 그들의 '갈등'을 사용하실 수도 있다는 말이다. 이런 과정을 겪는 것이 즐거울까? 그렇지 않다. 하지만 그것이 하나님의 뜻이므로 우리는 믿음을 가질 수 있다. 갈등을 겪는다고 해서 하나님의 뜻에서 벗어나게 되거나 잘못된 사람과 결혼한 것이 되는 건 아니니 말이다(고린도전서 7장 28절을 다시 읽어보라).

　고린도전서 7장 3~5절에서 하나님은 부부들을 위해 기본적인 진리를 하나 보여주신다. 성적인 영역에서 상대방 역시 권한을 가지고 있기 때문에 부부 중 어느 누구도 자신의 몸에 전적으로 권한을 행사하지는 못한다는 것이다. 성경이 성적 결정을 내림에 있어 두 사람에게 '동등한 권한'을 부여하고 있기 때문에 두 사람은 함께 해법을 찾으려고 노력해야 한다. 그러면 위 질문에서 언급했듯 오늘 밤 섹스를 하는 것과 관련하여 생길 수 있는 갈등을 두 사람은 어떻게 해결해야 할까?

8. **10단계** 3번 질문

성경에서 말하는 '계급'을 실천하려 할 때, 남편은 두말할 것 없이 오직 선의에 따라 움직여야 한다. 그러나 선의를 가진 남자도 때때로 고집스럽고 자만하며 나쁜 판단을 내릴 때가 있다. 선의를 가지고 있다고 해서 반드시 모든 상황에서 완벽하거나 능숙한 행동을 하는 것은 아니기 때문이다. '머리'가 되는 것은 무척 어려운 과제이기에, 남편은 할 수 있는 한 많은 도움을 받아야 한다. 이상적으로는 아내가 열렬한 협력자가 되며, 그는 기꺼이 그녀의 제안에 귀를 기울이는 형태가 좋다. 그가 아내의 제안을 거부할 때 아내가 취할 수 있는 방법 한 가지는 "말을 하지 않고도"(새번역)라고 말한 베드로의 조언 속에 들어 있다(벧전 3:1~4 참고). 이는 남편을 냉대하거나 뿌루퉁하라는 의미가 아니다. 남편을 비난하거나 자기 의견을 지나칠 정도로 강하게 내세우는 것을 삼가라는 뜻이다. 아무리 자신이 말하려는 내용에 큰 이점이 있다고 확신하더라도 말이다.

성경의 이러한 명령은 대화를 통해 문제를 해결할 수 있다고 믿는 많은 아내에게 극도로 힘든 일일 수 있다. '언어 중심적'인 한 아내의 남편은 재정 관리를 아내에게 맡기고 있다가 나중에 모든 것이 엉망이 된 상황 앞에서 그녀를 비판하려고 했다. 하지만 그녀는 남편을 붙잡고 자기 입장을 하소연했고, 남편은 '적절한 시간'을 찾을 수 없었다. 결국 심각한 어려움을 겪은 후에야 그녀는 잠잠해졌고, 그것은 효과를 발휘했다. 남편은 천천히 변화되었고 마침내 아내는 내게 이런 편지를 보내왔다. "우리는 잘 지내고 있어요. 제가 보기에 남편은 변화되고 있어요. 저는 잠잠히 있는 것이 … 습관이 되어가고 있고, 그냥 말을 삼키거나 적절한 타이밍을 찾으려고 애씁니다. 그냥 넘어갈 수도 있고요. 이제는 남편이 리더가 되었어요. 칭찬하고 존경할 수 있는 … 그리고 사랑할 수 있는 남자가 되었어요."

많은 아내는 "그저 잠잠히 있는 것"을 자신의 직관에 어긋나는 행동이라고 느낄지도 모른다. 말하지 않고 어떻게 뭔가를 결정할 수 있는지 의아해한다. 하지만 베드로전서 3장 1절에서 "말을 하지 않고도" 그것이 가능하다고 말씀하신다. 어떤 여자들에게 이것은 불합리한 것으로 느껴진다. 그렇기 때문에 그녀는 아내를 사랑하라는 하나님의 명령에 남편이 불순종할 때에도 믿음으로 하나님의 말씀을 받아들이고 '존경 어린 침묵'을 사용해야 한다. 많은 아내가 선한 마음을 가진 남편에게 이 존경 어린 침묵을 사용하여 얼마나 큰 효과를 보았는지 내게 말해주었다. 기억하라. 남편이 '선한 마음을 가졌다'는 것은 그가 '지금 당장'은 상당히 나쁘게 행동할 수도 있지만 궁극적으로 누군가를 힘들게 할 의도는 없다는 뜻이다. 남편은 자신의 부족한 말주변과 지금 받고 있는 경멸로 인한 두려움 때문에 그런 식으로 행동하는 것일지도 모른다. 아내가 잠잠히 있을 때, 남편은 방어막을 내리고 달라질 수 있다. 위에 나온 남편이 그랬듯이 말이다.

9. **10단계** 11번 질문

그렇다면 남편이 최종적인 책임과 권위를 갖고 있는 상황에서 상호 복종은 일상생활에서 어떻게 작동할까? 남편과 아내 사이에 깊은 균열을 느꼈을 정도로 위협적인 갈등에 빠져 있는데 아내는 남편에게 순종하라는 명을 받았다고 하자. 예를 들어, 사랑과 존경 고리의 원리를 실천하는 커플이 아이를 홈스쿨링할 것인지, 공립학교에 보낼 것인지, 아니면 비싼 등록금을 내고 사립 기독교 학교에 보낼 것인지를 두고 의견이 심각하게 갈라졌다고 해보자. 9월까지 결정을 내려야 한다. 남편은 모든 방면에서 아내에게 사랑을 보이려고 노력하고, 아내는 남편에게 존경을 보이려고 노력하면서 이 문제를 철저히 논의하는 중이라고 가정하자. 이런저런 대안을 강구하지만 여전히 의견차가 심하다. 게다가 그들에게는 현재 심각한 재정 문제가 있었고, 남편이 공립학교의 상황을 알아본 결과 꽤 괜찮은 평가를 받고 있음을 확인했기에 적어도 올해는 아이를 공립학교에 보내기로 결정한다. 아내는 이 결정이 만족스럽지는 않지만 남편의 의견에 '따르도록' 부름받았다. 구분을 잘해야 한다. 그녀는 남편의 의견에 '동의하도록' 부름받지 않았다. 심지어 장기적으로 볼 때 진로 변경이 필요하다고 본 그녀의 입장이 더 나은 것이었을 수도 있다. 그럼에도 불구하고 더 큰 책임을 부여받은 남편이 더 큰 권위를 가져야만 한다. 그렇기 때문에 아내는 공립학교 진학이 아이들의 영적 복지를 희생시키는 결정이 될 거라고 생각하지만 적어도 지금은 아이를 공립학교에 보낼 것이다.

세속 문화에서는 이렇게 결정을 내리는 것이 아내에게 불공평한 처사라고 말한다. 어떤 면에서 그것은 사실이다. 그러나—이것은 극히 중요한 부분인데—남편에게 부부와 가족에 대한 일차적인(주요한) 책임을 맡기면서 최종적인 권위는 부여하지 않는 것이 더 불공평한 처사가 아닐까? 아내가 "당신은 그럴 수 없어. 우린 평등해!"라고 아내가 말하는 것은 그녀가 거부권(veto power)을 행사하겠다는 뜻이다. 그것처럼 남편에게 불공평하고 불명예스럽게 느껴지는 일은 없다.

평등을 주장하는 사람들은 남편과 아내 중 해당 분야에서 더 유능한 사람이 결정을 내려야 한다는 입장을 취한다. 그렇지만 두 사람이 모두 자기의 통찰이 더 뛰어나다고 주장하는 상황이라면 어떻게 해야 할까? 앞서 예로 든 홈스쿨링과 공립학교 논쟁이 그런 경우다. 부부 중 어느 누구도 양보하려 하지 않을 것이다. 경우에 따라 이런 식의 갈등에 빠지는 일이 드문 커플도 있겠지만, 그들 역시 결정적인 판단을 내려야 하는 순간이 올 때를 대비해 이런 문제에 대해 신학적이고 체계적인 이해를 가지고 있어야 한다. 완벽하게 평등한 세상을 꿈꾸는 이들에게는 이런 생각이 우습게 들리겠지만, 결혼이라는 제도가 장기적으로 이어지기를 바라는 커플은 이 말을 온전히 수긍할 수 있을 것이다. 기독교 결혼 안에서 여자는 "남편 의견과 달라도 내 마음대로 할 거야. 내 생각이 맞는 것 같아. 지금은 21세기라고! 게다가 내가 남편보다 돈을 더 많이 벌잖아"라고 말할 권위가 성경적으로 볼 때는 없다. 이것은 성경의 가르침이 아니다. 여자는 머리가 아니다. 좋건 나쁘건 남자가 그 권위를 갖고 있다.

남자를 머리로 삼는 것이 항상 완벽한 결과를 가져올까? 물론 그렇지는 않다. 우리는 타락한 세상에 살고 있고, 남편 역시 실수할 가능성이 상당히 높다. 그럼에도 불구하고 성경적인 결혼생활을 위한 의사결정 모델은 다른 두 가지 대안보다 낫다. 다른 두 가지 대안이라 함은, 아내가 책임을 맡는 것과 부부 두 사람이 모두 책임을 맡는 것을 가리킨다. 평등주의가 더 올바른 것처럼 들리지만 솔직한 갈등 상태에서는 답이 없다. 그리고 이로 인해 '누가 이 일에 권위를 갖고 있나'를 둘러싼 바운더리 설정과 같은 소모적인 협상 과정이 흔하게 일어나는데, 이것은 영적 합일을 해치고 무너뜨린다.

10. 10단계 12번 질문

모든 리더십 원리 중에서 가장 기본은 "누군가에게 주요한 책임을 맡긴다면 그 책임을 수행하기 위해 필요한 권위도 부여해야 한다"는 것이다. 남편이 51퍼센트의 책임감을 갖고 있다면 그는 51퍼센트의 권위를 가져야 한다(선택항목 b). 그러나 남편의 권위와 책임감 아래 머무는 것은 아내가 자신을 위해 선택해야 할 부분이다. 에베소서 5장 22절에 따르면 그녀는 그리스도에 대한 사랑과 경외의 마음에서 이를 행할 수 있다. "여러분이 주님의 권위 아래 스스로 놓인 것처럼 남편의 권위 아래에도 놓이십시오"(저자 사역).

아내가 리더십의 기초를 지키지 않을 때 남편은 좌절한다. 그는 화를 내거나 독재자처럼 굴 수도 있고, 반대로 완전히 수동적인 사람이 되어 하나님이 주신 책임감을 내버리고 아내로 하여금 머리가 되게 하는 방식으로 반항할 수도 있다. 수년간 상담을 하면서 나는 이 두 종류의 남성을 모두 보았지만 어느 쪽도 행복한 결혼생활을 이어가지 못하고 있었다. 이게 쉬운 일이라고 말하는 것이 아니다. 특히 아내가 능력 있고 공격적인 성향이라면 말이다. 하지만 남편으로 하여금 머리가 되게 하면 장기적으로 좋은 결실을 맺을 것이다. 한 아내의 경우가 이를 증명한다. 그녀와 남편은 둘 다 명문 대학의 교수였다. 평소 갈등 상태를 맞는 일이 거의 없었던 그들은 최근 심각한 갈등을 겪는 중이었다. 아내는 별장을 구입하고 싶어 했지만 남편은 재정적인 이유로 이를 반대했다. 아내는 남편의 권위에 항복하는 대신 자기 방식대로 일을 처리해야 한다고 고집했다. 그녀의 편지는 다음과 같은 내용으로 이어졌다.

"그 별장과 관련하여 갈등에 빠지기 전까지 우리는 의식적으로 제 수입에 의존하지 않으려 했어요. [하지만] 저는 별장을 사고 싶어서 남편이 반대하는데도 그 주장을 밀어붙였지요. 박사님의 책을 읽고 나서 제가 맨 먼저 실천한 일은, 이 결정을 번복하여 남편 의견을 따른 것이었어요. 책을 통해 저는 제가 남편의 권위를 침해했다는 사실 말고도 '드러난 문제가 곧 문제의 핵심은 아니다'라는 것과, 남편의 수입으로 감당할 수 없는 뭔가를 사는 것이 제게 필요한 것을 공급하려는 그의 욕망을 존중하겠다고 한 헌신에 위배된다는 것, 그리고 그것이 남편에게는 심한 경멸로 느껴질 것이라는 사실도 깨달았어요."

아내는 아무 미련 없이 남편에게 별장과 관련해 그가 어떤 결정을 내리든 지지하겠다고 말했다. 남편은 그 별장을 팔기로 결정했다. 아내가 가장 놀랐던 부분은 남편의 권위를 존중할 때 이게 옳다는 느낌이 들었던 것이었다. 그녀는 자신의 위엄을 빼앗길까 봐 두려워했으나 정작 그녀가 잃은 것은 초반에 가졌던 호전성뿐이었다.

11. 11단계 4번 질문

아내는 자기가 처음 생각한 것보다 남편이 더 열려 있을 수 있다는 사실을 명심해야 한다. 그리고 남편은 영적 리더십이 자기 책임하에 있음을 기억해야 한다.[4] 그것은 로켓 과학처럼 복잡한 것이 아니다. 오히려 다음 세 가지만 실천하면 완수할 수 있는 기술에 더 가깝다.

a. 그리스도께서 당신 삶에서 우선 순위에 계심을 아내에게 보이라. 혼자, 혹은 아내와 함께 성경을 읽고 기도하라. 하나님의 말씀이 당신 삶에서 어떤 의미인지를 함께 이야기하라. 사랑과 존경 고리를 실천하는 일이나 자녀양육과 관련하여 인도하심을 구하는 기도를 함께 드리라.

b. 가정예배와 자기 전 기도, 예배 참석을 비롯한 모든 영적 노력이 이루어지는 곳에 함께하거나 그 일부가 되라. 당신이 아내만큼 언어에 민감한 사람이 아니라면 (성경 이야기를 말해주는 것과 같은) 특정한 임무는 아내에게 위임하면 된다. 리더는 위임을 잘하는 사람이다. 그것이 리더가 된다는 의

---

4)　남편이 영적 리더십의 책임자라는 것은 에베소서 5장 23~27절에 분명히 강조되어 있다. 특히 "이는 남편이 아내의 머리 됨이 그리스도께서 교회의 머리 됨과 같음이니"라고 한 23절에 주의하라. 군더더기 없는 비유다. 예수 그리스도가 교회의 영적 리더 책임을 맡고 있으므로, 남편 역시 아내와의 관계에서 영적 리더의 책임을 맡아야 한다.

미 중 하나다. 당신이 해야 할 일은 현재 일어나고 있는 일에 관심을 갖고 있음을 가족에게 보여주는 것이다.

c. 작은 것에서부터 큰 것까지 모든 결정을 내릴 때 당신이 그리스도께 전적으로 지혜를 구하고 있다는 것을 아내와 아이들에게 확실히 보여주라. 잠언 3장 5~6절을 가훈으로 삼기 바란다. 일주일에 한두 번씩 아내가 자녀나 그 밖의 다른 문제와 관련하여 염려와 고민을 나누려고 한다면 그 자리에서 하던 일을 멈추고 짧게 기도하거나 토론하는 시간을 가지라. 아내를 부담스럽게 하는 그 문제를 하나님께 가져가라. 당신이 직접 그 문제를 풀지 않아도 된다. 그것을 해결할 수 있는 분께 맡기라. 이것은 아내에게 큰 의미로 다가온다.

간단히 말해 남편은 늘 가족과 함께하고 관심을 보여야 한다. 마찬가지로 아내는 필요에 따라 약간은 뒤로 물러서서 남편이 리더로 설 수 있게 해야 한다. 남편이 때때로 서툴거나 머뭇거리고 불안해할 수도 있지만 충분한 기회를 준다면 그도 잘해낼 것이다. 아내가 생각한 대로 일이 진행되지 않는다고 해서 남편의 권위에 비판하고 반대 의사를 드러낸다면 그는 곧바로 그것을 알아차리고 뒷걸음질친다. 리더에게는 따르는 자들이 필요하다. 아내는 남편에게 있어 누구보다 더 힘이 되고 열정적으로 따르는 자가 되어야 한다.

12. **13단계** 3번 질문

지금 이 순간도 당신은 환난 가운데 있을지 모른다. 하지만 하나님이 그에 걸맞은 보상을 해주시려고 그 환난을 허락하셨다고 생각해본 적이 있는가? 히브리서 기자는 우리에게 "믿음의 주요 또 온전하게 하시는 이인 예수를 바라보자"라고 말한다. "그는 그 앞에 있는 기쁨을 위하여 십자가를 참으사 부끄러움을 개의치 아니하시더니 하나님 보좌 우편에 앉으셨"다(히 12:2). 심각한 문제를 가진 부부들에게 그들이 지금 겪는 고통에 대한 보상을 천국에서 받게 될 것이라고 가르치면서도 나는 그들이 이런 말에 귀를 기울이기 쉽지 않을 것이라고 생각했다. 하지만 많은 사람은 그 말을 듣고

서 이렇게 고백했다. "지금까지는 하나님이 배우자를 제 인생에서 사용하실 거라는 생각을 한 번도 해보지 못했어요." "하나님께서 제가 하는 일에 신경을 쓰고 계시다니, 그 말씀을 들으니 인내할 수 있을 것 같습니다." 아래에 이런 내용이 담긴 편지를 소개한다.

"… 제가 하나님께 묻고 있던 질문이 바로 이거였습니다. '어떻게 내가 그토록 사랑하는 사람이 내게 이렇게 큰 상처를 주고 날 무시할 수가 있습니까?' 저는 정말 실망했고, 무시당했다는 느낌을 받고 있었어요. … [하지만 하나님이] 제게 주신 답은 전혀 달랐습니다. '나도 거기 있었어. 네 느낌이 어떤 건지 잘 알아. 그리고 난 너를 위해 죽었단다.' 엄청난 계시였지요! 관건은 제 배우자가 저를 올바르게 대해주느냐가 아니라, 제가 이 모든 관계를 하나님의 관점에서 보고 있는가였어요. [제가 받는 환난은] 하나님께 드리는 찬양과 예배와 순종의 한 형태라는 생각이 들었습니다. … 실천하기 힘든 주문이지요. 하지만 제가 하고 있는 것이 모두 하나님의 영광을 위한 것임을 알게 되니, 참으로 기쁩니다."

"저는 결혼 37년차입니다. … 아내를 위해서가 아니라 하나님을 위해 사랑하고 존경해야 한다는 사실은 제 두 눈을 번쩍 뜨게 만들었습니다."

"제 결혼생활에서 크게 변한 것은 아무것도 없지만 적어도 이제 저는 하나님을 기쁘시게 하는 일을 하고 있음을 압니다. 이것 하나만으로도 평안이 찾아오고 상처와 아픔이 누그러진 느낌입니다. 이제 그런 감정들은 점점 덜 중요해지고 희망이 생깁니다. 실패할 때도 저는 그저 하나님의 자비와 인내에 감사할 뿐입니다."

옮긴이 **박소혜**

한동대학교 국제어문학부를 졸업하고 저작권 에이전시 '알맹2'에서 일했다. 전문번역가로 활동하면서 《화내지 않는 엄마는 없다》《무브》《꼬마 신학자 솔비와 나눈 하나님 이야기》등을 번역했다.

그 여자가 간절히 바라는 **사랑,**
그 남자가 진심으로 원하는 **존경 워크북**

초판 1쇄 인쇄 2017년 2월 21일
초판 1쇄 발행 2017년 2월 28일

지은이 에머슨 에거리치, 프리츠 리드너
옮긴이 박소혜

펴낸이 박주성
펴낸곳 국제제자훈련원
등록번호 제2013-000170호(2013년 9월 25일)
주소 서울시 서초구 효령로68길 98(서초동)
전화 02)3489-4300 **팩스** 02)3489-4329
이메일 dmipress@sarang.org

ISBN 978-89-5731-722-8 04230

※ 책값은 뒤표지에 있습니다. 잘못된 책은 구입하신 곳에서 교환해드립니다.

국제제자훈련원은 건강한 교회를 꿈꾸는 목회의 동반자로서 제자 삼는 사역을 중심으로
성경적 목회 모델을 제시함으로 세계 교회를 섬기는 전문 사역 기관입니다.